WATASHI NO NIHONGO
私の日本語

N5

Random
CÓMICS

El papel utilizado para la impresión de este libro ha sido fabricado a partir de madera
procedente de bosques y plantaciones gestionadas con los más altos estándares ambientales,
garantizando una explotación de los recursos sostenible con el medio ambiente y beneficiosa para las personas.

Watashi no Nihongo

Primera edición en España: noviembre, 2024
Primera edición en México: febrero, 2025

D. R. © 2024, Sandra Carrascosa Urbán, por el texto

D. R. © 2024, Penguin Random House Grupo Editorial, S. A. U.
Travessera de Gràcia, 47-49. 08021 Barcelona

D. R. © 2025, derechos de edición mundiales en lengua castellana:
Penguin Random House Grupo Editorial, S. A. de C. V.
Blvd. Miguel de Cervantes Saavedra núm. 301, 1er piso,
colonia Granada, alcaldía Miguel Hidalgo, C. P. 11520,
Ciudad de México

penguinlibros.com

Diseño de la cubierta: Penguin Random House Grupo Editorial, S. A. U.,
a partir del diseño original de Diana Mármol.
Ilustraciones de Diana Mármol
Maquetación de Cristina Serrano
www.proyectowatashi.com

Penguin Random House Grupo Editorial apoya la protección del *copyright*.
El *copyright* estimula la creatividad, defiende la diversidad en el ámbito de las ideas y el conocimiento,
promueve la libre expresión y favorece una cultura viva. Gracias por comprar una edición autorizada
de este libro y por respetar las leyes del Derecho de Autor y *copyright*. Al hacerlo está respaldando a los autores
y permitiendo que PRHGE continúe publicando libros para todos los lectores.

Queda prohibido bajo las sanciones establecidas por las leyes escanear, reproducir total o parcialmente esta obra
por cualquier medio o procedimiento, incluyendo utilizarla para efectos de entrenar inteligencia artificial generativa
o de otro tipo, así como la distribución de ejemplares mediante alquiler o préstamo público sin previa autorización.
Si necesita fotocopiar o escanear algún fragmento de esta obra diríjase a CeMPro
(Centro Mexicano de Protección y Fomento de los Derechos de Autor, https://cempro.org.mx).

ISBN: 978-607-385-518-1

Impreso en México – *Printed in Mexico*

目次・もくじ・Índice

★	**Prólogo**	14
★	**Presentación de personajes**	16
★	**¡Nos vamos a Japón!**	18
★	**Periodos históricos japoneses**	19
★	**ひらがな・Hiragana**	20
★	**カタカナ・Katakana**	22

TEMA 1 - 昔々 - むかしむかし - Érase una vez...

単語・たんご・Vocabulario	26
今日の文法・きょうのぶんぽう・La gramática de hoy	28
• Estructura básica	28
• Números	29
• Sufijos	30
• Partícula の・Posesión	33
練習！練習！・れんしゅう！れんしゅう！・¡A practicar!	34
聞き取り・ききとり・Comprensión auditiva	36
日本文化・にほんぶんか・Cultura japonesa	37
会話・かいわ・Diálogo	38
漢字ファイト！・かんじファイト！・¡Pelea de kanjis!	40
書きと読み・かきとよみ・Lectura y escritura	42
テスト・Examen	44

TEMA 2 - 生年月日 - せいねんがっぴ - Fecha de nacimiento

単語・たんご・Vocabulario	48
今日の文法・きょうのぶんぽう・La gramática de hoy	50
• Verbos en presente, pasado y futuro	50
• Partículas	52
• Interrogativos (PARTE 1)	53
• Estructuración de frases	54
• Minutos	55
練習！練習！・れんしゅう！れんしゅう！・¡A practicar!	58
聞き取り・ききとり・Comprensión auditiva	60
日本文化・にほんぶんか・Cultura japonesa	61
会話・かいわ・Diálogo	62
漢字ファイト！・かんじファイト！・¡Pelea de kanjis!	64
書きと読み・かきとよみ・Lectura y escritura	66
テスト・Examen	68

TEMA 3 - 先生はどこですか - せんせいはどこですか - ¿Dónde está la profesora?

単語・たんご・Vocabulario	72
今日の文法・きょうのぶんぽう・La gramática de hoy	74
• Partículas	74
• ¿Dónde está?	75
• Verbos ある/いる: verbo tener/haber	76
• Adverbios	77
練習！練習！・れんしゅう！れんしゅう！・¡A practicar!	80
聞き取り・ききとり・Comprensión auditiva	82
日本文化・にほんぶんか・Cultura japonesa	83
会話・かいわ・Diálogo	84
漢字ファイト！・かんじファイト！・¡Pelea de kanjis!	86
書きと読み・かきとよみ・Lectura y escritura	88
テスト・Examen	90

TEMA 4 - 勉強のパーティー - べんきょうのパーティー - Fiesta de estudio

単語・たんご・Vocabulario	94
今日の文法・きょうのぶんぽう・La gramática de hoy	96
• Invitaciones	96
• Adjetivos	97
• ¡Voy a comer pasta!	98
練習！練習！・れんしゅう！れんしゅう！・¡A practicar!	100
聞き取り・ききとり・Comprensión auditiva	102
日本文化・にほんぶんか・Cultura japonesa	103
会話・かいわ・Diálogo	104
漢字ファイト！・かんじファイト！・¡Pelea de kanjis!	106
書きと読み・かきとよみ・Lectura y escritura	108
テスト・Examen	110

TEMA 5 - 週末 - しゅうまつ - Fin de semana

単語・たんご・Vocabulario	114
今日の文法・きょうのぶんぽう・La gramática de hoy	116
• Forma て en verbos	116
• Estructuras con forma て (PARTE 1)	117
• Descripción de personas	119
練習！練習！・れんしゅう！れんしゅう！・¡A practicar!	122
聞き取り・ききとり・Comprensión auditiva	124
日本文化・にほんぶんか・Cultura japonesa	125
会話・かいわ・Diálogo	126
漢字ファイト！・かんじファイト！・¡Pelea de kanjis!	128
書きと読み・かきとよみ・Lectura y escritura	130
テスト・Examen	132

TEMA 6 - どうしたんですか - ¿Qué pasó?

単語・たんご・Vocabulario	136
今日の文法・きょうのぶんぽう・La gramática de hoy	138
• Forma corta en presente y pasado	138
• Forma corta + んです	139
練習！練習！・れんしゅう！れんしゅう！・¡A practicar!	144
聞き取り・ききとり・Comprensión auditiva	146
日本文化・にほんぶんか・Cultura japonesa	147
会話・かいわ・Diálogo	148
漢字ファイト！・かんじファイト！・¡Pelea de kanjis!	150
書きと読み・かきとよみ・Lectura y escritura	152
テスト・Examen	154

TEMA 7 - だめだ！- ¡No!

単語・たんご・Vocabulario	158
今日の文法・きょうのぶんぽう・La gramática de hoy	160
• Estructuras con forma て (PARTE 2)	160
• 「なります」	162
練習！練習！・れんしゅう！れんしゅう！・¡A practicar!	164
聞き取り・ききとり・Comprensión auditiva	166
日本文化・にほんぶんか・Cultura japonesa	167
会話・かいわ・Diálogo	168
漢字ファイト！・かんじファイト！・¡Pelea de kanjis!	170
書きと読み・かきとよみ・Lectura y escritura	172
テスト・Examen	174

TEMA 8 - 頑張ります！- がんばります！- ¡A darlo todo!

単語・たんご・Vocabulario	178
今日の文法・きょうのぶんぽう・La gramática de hoy	180
• Como, porque... / から・ので・し	180
• Gustar・Odiar・Ser hábil・Ser inútil / すき・きらい・上手・下手	181
• Relativas・名詞修飾・めいししゅうしょく	182
練習！練習！・れんしゅう！れんしゅう！・¡A practicar!	184
聞き取り・ききとり・Comprensión auditiva	186
日本文化・にほんぶんか・Cultura japonesa	187
会話・かいわ・Diálogo	188
漢字ファイト！・かんじファイト！・¡Pelea de kanjis!	190
書きと読み・かきとよみ・Lectura y escritura	192
テスト・Examen	194

TEMA 9 - どんなマンガが好きですか - ¿Qué tipo de manga te gusta?

単語・たんご・Vocabulario	198
今日の文法・きょうのぶんぽう・La gramática de hoy	200
• Interrogativos (PARTE 2)	200
• Unir elementos en una frase	200
• Forma corta + つもりです	201
• Partícula は・が	202
練習！練習！・れんしゅう！れんしゅう！・¡A practicar!	204
聞き取り・ききとり・Comprensión auditiva	206
日本文化・にほんぶんか・Cultura japonesa	207
会話・かいわ・Diálogo	208
漢字ファイト！・かんじファイト！・¡Pelea de kanjis!	210
書きと読み・かきとよみ・Lectura y escritura	212
テスト・Examen	214

TEMA 10 - ももこさんは何と言っていましたか - ももこさんはなんといっていましたか - ¿Qué dijo Momoko?

単語・たんご・Vocabulario	218
今日の文法・きょうのぶんぽう・La gramática de hoy	220
• Estructuras con と	220
• 「物の数え方・もののかぞえかた」Contadores	221
練習！練習！・れんしゅう！れんしゅう！・¡A practicar!	226
聞き取り・ききとり・Comprensión auditiva	228
日本文化・にほんぶんか・Cultura japonesa	229
会話・かいわ・Diálogo	230
漢字ファイト！・かんじファイト！・¡Pelea de kanjis!	232
書きと読み・かきとよみ・Lectura y escritura	234
テスト・Examen	236

TEMA 11 - 韓国に行ったことがありますか。- かんこくにいったことがありますか。- ¿Has ido alguna vez a Corea del Sur?

単語・たんご・Vocabulario	240
今日の文法・きょうのぶんぽう・La gramática de hoy	242
• Estructuras con 「た」	242
練習！練習！・れんしゅう！れんしゅう！・¡A practicar!	246
聞き取り・ききとり・Comprensión auditiva	248
日本文化・にほんぶんか・Cultura japonesa	249
会話・かいわ・Diálogo	250
漢字ファイト！・かんじファイト！・¡Pelea de kanjis!	252
書きと読み・かきとよみ・Lectura y escritura	254
テスト・Examen	256

TEMA 12 - 帰りたい！- かえりたい！- ¡Quiero volver!

単語・たんご・Vocabulario	260
今日の文法・きょうのぶんぽう・La gramática de hoy	262
• Quiero...「V～たいです」「SUST + がほしい」	262
• Comparativo	262
練習！練習！・れんしゅう！れんしゅう！・¡A practicar!	266
聞き取り・ききとり・Comprensión auditiva	268
日本文化・にほんぶんか・Cultura japonesa	269
会話・かいわ・Diálogo	270
漢字ファイト！・かんじファイト！・¡Pelea de kanjis!	272
書きと読み・かきとよみ・Lectura y escritura	274
テスト・Examen	276

TEMA 13 - 帰らないでください - かえらないでください - Por favor, no regreses

単語・たんご・Vocabulario	280
今日の文法・きょうのぶんぽう・La gramática de hoy	282
• Superlativo	282
• Estructuras con ない	283
• Mientras...「V-RAÍZ + ながら」	283
練習！練習！・れんしゅう！れんしゅう！・¡A practicar!	284
聞き取り・ききとり・Comprensión auditiva	286
日本文化・にほんぶんか・Cultura japonesa	287
会話・かいわ・Diálogo	288
漢字ファイト！・かんじファイト！・¡Pelea de kanjis!	290
書きと読み・かきとよみ・Lectura y escritura	292
テスト・Examen	294

TEMA 14 - 日本語能力試験の日 - にほんごのうりょくしけんのひ - El día del NOKEN	
単語・たんご・Vocabulario	298
今日の文法・きょうのぶんぽう・La gramática de hoy	300
• Deber 「～なければいけません」	300
• Probabilidad/Opinión 「～でしょう」	301
• Hacer algo en exceso 「～すぎる」	302
練習！練習！・れんしゅう！れんしゅう！・¡A practicar!	304
聞き取り・ききとり・Comprensión auditiva	306
日本文化・にほんぶんか・Cultura japonesa	307
会話・かいわ・Diálogo	308
漢字ファイト！・かんじファイト！・¡Pelea de kanjis!	310
書きと読み・かきとよみ・Lectura y escritura	312
テスト・Examen	314
• NOKEN 5 · EXAMEN DE PRUEBA	317

Prólogo

- A ti, estudiante autodidacta

Bienvenido al libro *Watashi No Nihongo*. Este libro pretende ayudarte a aprobar el examen NOKEN 5 empezando desde cero. A través de cada tema, mi intención es que aprendas un poco de todo para que, cuando acabes el libro, tengas un amplio conocimiento.

Si eres estudiante autodidacta, debes tener claro que este camino será más difícil, ya que estás solo ante este inmenso idioma. Este libro pretende ser tu acompañante, una herramienta que explotar hasta la última coma.

Las soluciones del libro, así como los audios, están disponibles en nuestra página web www.proyectowatashi.com. Es posible que, tras mirar el índice, te surja una duda muy importante: ¿cómo corrijo las redacciones? Para ello te invito a que las envíes a proyectowatashi@gmail.com. Lógicamente no podré responder a todo el mundo tan rápido como quisiera, pero iré corrigiendo y ayudando a tanta gente como pueda.

La mejor manera de afrontar el libro es ir poco a poco, a tu ritmo. Te recomiendo que hagas listas de vocabulario, listas de kanjis, cuadernos con apuntes escritos de forma que los entiendas tú, con tus palabras. Una lista de estructuras de frases con una de ejemplo también puede serte muy útil. Ve página por página, no avances si no te ves preparado. Y cuando lo necesites, rebobina y vuelve a empezar, no hay nada de malo en ello.

Por último, piensa bien por qué quieres aprender japonés y actúa en consecuencia. No llegues a odiar el idioma por presionarte demasiado, ordena tu tiempo de estudio y compagínalo con películas, series, manga... Que tu oído y tu ojo se acostumbren al idioma. Lee cuentos para niños pequeños, ¡seguro que son muy divertidos!

Gracias por recorrer este camino, espero que te resulte entretenido, bonito e interesante.

- A ti, estudiante de japonés

¿Acabas de recibir este manual de tu academia/universidad/curso/docente particular?
Bienvenido a *Watashi No Nihongo N5*.
Tu docente debe usar este libro acompañado de una explicación más amplia para que puedas entender su contenido con las palabras de otra persona, no solo mi explicación. Ayuda mucho tener dos versiones de una misma historia. Tu docente debe pedirte que estés al día con el vocabulario y controlar que vas compren-

diendo y estudiando el contenido poco a poco. Sin prisa. Recuerda que el inicio de un idioma es como construir una casa, necesitas cimientos fuertes antes de poner el tejado y las paredes.
Por último, un consejo: no copies los resultados de la página web, haz TODOS los ejercicios, haz las actividades de escritura y pide a tu docente que las corrija. Aprende de tus errores, que ello no te desanime.
Muchas gracias por estudiar conmigo, ¡un saludo a tu docente!

- <u>A ti, docente de japonés</u>

Querido compañero de profesión, gracias por elegir este manual. Espero estar a la altura de tus expectativas.
Con este libro, la guía de trabajo está muy clara: ir pieza por pieza construyendo un rompecabezas en cada tema para que, al final, el estudiante pueda armar un rompecabezas gigante construido con los 14 temas. Este libro exige mucho trabajo y mucha investigación en paralelo por otras vías: docentes, internet, otros libros... En los apartados de cultura solo se pretende sembrar la semilla de la curiosidad para que el estudiante busque libros, artículos... Tú debes ser la fuente de conocimiento ante esos temas culturales.
En cuanto a los escritos que hay que hacer en cada tema, recomiendo que nunca se salten esos ejercicios y que propongas al estudiante hacer más aún. Si son varios estudiantes, recomiendo que se representen los diálogos en clase para que interaccionen en japonés con otras personas.
En resumen, hazlos hablar y escribir mucho. Es bueno para ellos, pero si el estudiante es tímido, o responde con ansiedad a hablar en público, no recomiendo que se le obligue a hablar. Habrá que comunicarse con él y aclarar si quiere o no participar en esas actividades. En caso contrario, el estudiante podría desarrollar ansiedad, estrés y abandonar el estudio por ese motivo.
¡Gracias de nuevo por elegirnos y espero que todos aprendan mucho!

En este libro encontrarás kanjis con su lectura debajo en hiragana (esto se llama furigana). Algunas veces no lo indico en kanjis que NO hemos visto, pero siempre que esto pase es porque lo añadí en otro igual poco antes. Mi objetivo es ayudarte a mejorar tu memoria de kanjis, espero que no me odies mucho :)

Presentación de personajes

Derek Hoffman

17 años. Su padre es alemán y su madre es japonesa, pero nunca ha visitado Alemania ni sabe el idioma. Le encanta estar al día con sus mangas favoritos y sueña con ser profesor de Biología.

Momoko Kobayashi

17 años. Su padre es surcoreano y su madre es japonesa. Ambos progenitores son médicos y ella quiere continuar con la tradición familiar. Le encanta pasear con su novia Kairi y visitar las cafeterías de moda.

キャラクターの紹介

Arturo Caballero Reyes

18 años. Llegó a Japón gracias a una beca de estudios. Sus aficiones son estudiar, los videojuegos y la tecnología en general. Quiere llegar a ser programador y vivir en Japón de forma estable.

Ayumi Kotobuki

32 años. Madre soltera de un hijo de 6 años. Es profesora de Historia, pero también da clases de japonés. Le encantan el manga y las artes tradicionales japonesas. Hace teatro y practica caligrafía.

¡Nos vamos a Japón!

Extensión: 377 974 km²
Islas: 6 852
Habitantes: 125 171 000
Partido político en el poder: Partido Liberal Democrático (PLD)
Primer ministro: Shigeru Ishiba
Emperador: Naruhito
Tasa de desempleo: 2.6%

Fuente: Ministerio de Exteriores/Datos Macro

Periodos históricos japoneses

Jōmon	縄文	10 000 - 300 a. C.
Yayoi	弥生	300
Kofun	古墳	300 - 645
Nara	奈良	645 - 794
Heian	平安	794 - 1185
Kamakura	鎌倉	1185 - 1333
Muromachi	室町	1333 - 1568
Azuchi-Momoyama	安土桃山	1568 - 1600
Edo	江戸	1600 - 1868
Meiji	明治	1868 - 1912
Taishō	大正	1912 - 1926
Shōwa	昭和	1926 - 1989
Heisei	平成	1989 - 2019
Reiwa	令和	2019 - ¿?

HIRAGANA

Este silabario se compone de una fila de 5 vocales que se usarán con 9 consonantes: K, S, T, H, N, M, R, Y, W. Sin embargo, de las consonantes K, S, T y H derivarán nuevos sonidos en un proceso conocido como «だくおん» (dakuon). Consiste en poner unas comillas (tenten) en la esquina superior derecha de las sílabas de las filas K-S-T-H para transformarlas en G-Z-D-B, respectivamente. Además de transformar la H en B, gracias a otro proceso llamado «はんだくおん» (handakuon), podremos transformar la H en P, poniendo un círculo (maru) en el mismo sitio.
Observa el cuadro y comienza a practicar su escritura en un cuaderno.

	A	I	U	E	O
	あ A	い I	う U	え E	お O
K	か KA	き KI	く KU	け KE	こ KO
S	さ SA	し SHI	す SU	せ SE	そ SO
T	た TA	ち CHI	つ TSU	て TE	と TO
N	な NA	に NI	ぬ NU	ね NE	の NO
H	は HA	ひ HI	ふ FU	へ HE	ほ HO
M	ま MA	み MI	む MU	め ME	も MO
Y	や YA		ゆ YU		よ YO
R	ら RA	り RI	る RU	れ RE	ろ RO
W	わ WA				を O
N	ん N				

G	が GA	ぎ GI	ぐ GU	げ GE	ご GO
Z	ざ ZA	じ JI	ず ZU	ぜ ZE	ぞ ZO
D	だ DA	ぢ JI	づ ZU	で DE	ど DO
B	ば BA	び BI	ぶ BU	べ BE	ぼ BO
P	ぱ PA	ぴ PI	ぷ PU	ぺ PE	ぽ PO

¡Truco!
En el restaurante, siempre pides el MENÚ NEREWA, no lo confundas. Se empieza por las entradas, después los platos fuertes y, finalmente, los postres:

-めぬねれわ-　　　　　-MENUNEREWA-

Además de los sonidos básicos y los derivados gracias a dakuon y handakuon, tenemos un tercer y último proceso de transformación llamado «ようおん» (yōon) por el cual cualquier sílaba de la columna de la «i» podrá unirse a «ya-yu-yo» y crear una nueva sílaba compuesta por ambos sonidos.

き KI	+や	きゃ KYA	+ゆ	きゅ KYU	+よ	きょ KYO
ぎ GI	+や	ぎゃ GYA	+ゆ	ぎゅ GYU	+よ	ぎょ GYO
し SHI	+や	しゃ SHA	+ゆ	しゅ SHU	+よ	しょ SHO
じ JI	+や	じゃ JA	+ゆ	じゅ JU	+よ	じょ JO
ち CHI	+や	ちゃ CHA	+ゆ	ちゅ CHU	+よ	ちょ CHO
ひ HI	+や	ひゃ HYA	+ゆ	ひゅ HYU	+よ	ひょ HYO
び BI	+や	びゃ BYA	+ゆ	びゅ BYU	+よ	びょ BYO
ぴ PI	+や	ぴゃ PYA	+ゆ	ぴゅ PYU	+よ	ぴょ PYO
に NI	+や	にゃ NYA	+ゆ	にゅ NYU	+よ	にょ NYO
み MI	+や	みゃ MYA	+ゆ	みゅ MYU	+よ	みょ MYO
り RI	+や	りゃ RYA	+ゆ	りゅ RYU	+よ	りょ RYO

¡Atento a la tabla!

Sabías que...

Dependiendo de la tipografía que uses, las sílabas KI, RI y SA serán de una forma u otra, y esto deriva del trazo del pincel al escribir.　さ さ
き き
り り

ひらがな

El idioma japonés está compuesto por tres tipos de escritura: dos silabarios (hiragana y katakana) y los kanjis. Este idioma puede escribirse en vertical en columnas de derecha a izquierda o en horizontal en el mismo sentido que nosotros, de izquierda a derecha.

El hiragana nace como iniciativa de las mujeres japonesas ante la necesidad de simplificar el idioma chino que llegaba a través de los hombres que enviaban al continente para educarse. Como no tenían acceso a esa educación, comenzó un proceso de simplificación y creación de un silabario que permitiera escribir los caracteres chinos. Por lo tanto, la escritura base del idioma japonés será este silabario.

Junto a él usaremos los kanjis, procedentes del idioma chino, que pueden representar una palabra por sí mismos o en combinación con otros kanjis. Se calcula que un japonés debe conocer unos 2 500 kanjis para tener un vocabulario completo y culto. En este libro trataremos con poco más de 100, los suficientes para el examen oficial Noken 5.

Características

- Cuidado con las lecturas SHI, CHI y TSU. Vocaliza correctamente.
- Aunque se lean igual じ-ぢ y ず-づ, usaremos como norma general las de la línea «Z», ya que las otras tienen un uso limitado.
- を: Se leerá «o» y se usará como partícula.
- ん: Es la única consonante que puede usarse sola.
- La fila Z se pronuncia como una S muy silbante.
- La fila G se pronuncia como en «gato», suave.
- La fila H se pronuncia como en «Homero».
- La fila Y se pronuncia muy suave, como si fuera «ia», «iu» e «io».
- Para doblar una consonante pondremos TSU delante de la sílaba que queramos doblar, eso sí, a mitad de tamaño. Ejemplo: さっか · sakka · escritor.
- Vocales largas: algunas palabras doblan sus vocales. Presta atención, ya que puedes decir una palabra totalmente diferente.

    Ejemplo: おばあさん - Abuela   おばさん - Tía

¿Cómo doblar las vocales?
- A: pondremos 2 veces la vocal ⟶ おかあさん okāsan (madre)
- I: pondremos 2 veces la vocal ⟶ おにいさん onīsan (hermano mayor)
- U: pondremos 2 veces la vocal ⟶ くうき kūki (aire)
- E: existen 2 formas:

    Poner 2 veces la vocal ⟶ おねえさん onēsan (hermana mayor)
    Poner «ei», pronunciado «ee» ⟶ せんせい sensē (profesor)

- O: existen 2 formas:

    Poner 2 veces la vocal ⟶ とおる tōru (pasar)
    Poner «ou», pronunciado «oo» ⟶ おとうさん otōsan (padre)

En estos casos, este libro transcribirá acorde al sistema Hepburn (ā·ī·ū·ē·ō).
Por ejemplo: ありがとう arigatō (aunque se lea /arigatoo/).

KATAKANA

Este silabario se compone de los mismos sonidos base, derivados y compuestos que el hiragana. Con la excepción de que crearemos nuevos sonidos para poder escribir los extranjerismos que queramos.

Observa el cuadro y comienza a practicar su escritura en un cuaderno.

	A	I	U	E	O
	ア A	イ I	ウ U	エ E	オ O
K	カ KA	キ KI	ク KU	ケ KE	コ KO
S	サ SA	シ SHI	ス SU	セ SE	ソ SO
T	タ TA	チ CHI	ツ TSU	テ TE	ト TO
N	ナ NA	ニ NI	ヌ NU	ネ NE	ノ NO
H	ハ HA	ヒ HI	フ FU	ヘ HE	ホ HO
M	マ MA	ミ MI	ム MU	メ ME	モ MO
Y	ヤ YA		ユ YU		ヨ YO
R	ラ RA	リ RI	ル RU	レ RE	ロ RO
W	ワ WA				ヲ WO
N	ン N				

	A	I	U	E	O
G	ガ GA	ギ GI	グ GU	ゲ GE	ゴ GO
Z	ザ ZA	ジ JI	ズ ZU	ゼ ZE	ゾ ZO
D	ダ DA	ヂ JI	ヅ ZU	デ DE	ド DO
B	バ BA	ビ BI	ブ BU	ベ BE	ボ BO
P	パ PA	ピ PI	プ PU	ペ PE	ポ PO

¡Truco!
Recuerda que ツ mira al TSUelo y シ mira al SHIelo.
Y que ソ está SOla y ン No lo está.

キ KI	+ヤ	キャ KYA	+ユ	キュ KYU	+ヨ	キョ KYO
ギ GI	+ヤ	ギャ GYA	+ユ	ギュ GYU	+ヨ	ギョ GYO
シ SHI	+ヤ	シャ SHA	+ユ	シュ SHU	+ヨ	ショ SHO
ジ JI	+ヤ	ジャ JA	+ユ	ジュ JU	+ヨ	ジョ JO
チ CHI	+ヤ	チャ CHA	+ユ	チュ CHU	+ヨ	チョ CHO
ヒ HI	+ヤ	ヒャ HYA	+ユ	ヒュ HYU	+ヨ	ヒョ HYO
ビ BI	+ヤ	ビャ BYA	+ユ	ビュ BYU	+ヨ	ビョ BYO
ピ PI	+ヤ	ピャ PYA	+ユ	ピュ PYU	+ヨ	ピョ PYO
ニ NI	+ヤ	ニャ NYA	+ユ	ニュ NYU	+ヨ	ニョ NYO
ミ MI	+ヤ	ミャ MYA	+ユ	ミュ MYU	+ヨ	ミョ MYO
リ RI	+ヤ	リャ RYA	+ユ	リュ RYU	+ヨ	リョ RYO

Algunos de los sonidos extra que se usan solo en katakana:

ウィ WI	ウェ WE	ウォ WO	シェ SHE	ジェ JE	チェ CHE
ファ FA	フィ FI	フェ FE	フォ FO	ティ TI	ディ DI
ヴァ VA	ヴィ VI	ヴ VU	ヴェ VE	ヴォ VO	

カタカナ

Es el turno del segundo silabario, el katakana, cuyo origen y uso es más simple. Lo usaremos para poder escribir extranjerismos y préstamos lingüísticos que se usan de forma muy habitual en el idioma japonés. Por ejemplo, usaremos este silabario para nuestros nombres occidentales, lugares, nombres de marcas, eventos, etc. Veremos varios a lo largo de este libro. Por otra parte, este silabario se usa también como reclamo y, dado que destaca más frente a los kanjis y el hiragana, puede usarse como recurso literario o de marketing.

Características

- Cuidado con las lecturas SHI, CHI y TSU. Vocaliza correctamente.
- Aunque se lean igual ジ-ヂ y ズ-ヅ, usaremos como norma general las de la línea «Z».
- ン: Es la única consonante que puede usarse sola.
- La fila Z se pronuncia como una S muy silbante.
- La fila G se pronuncia como en «gato», suave.
- La fila H se pronuncia como en «Homero».
- La fila Y se pronuncia muy suave, como si fuera «ia», «iu» e «io».
- Las vocales largas se representarán con una línea horizontal después de la sílaba que queramos alargar. Si escribimos en vertical, dicha línea también será vertical. Estarán transcritas con una línea encima de la vocal alargada.

    Ejemplo: コーヒー Kōhī · Café

- Escribiremos de la forma que creamos que representa mejor el sonido que queremos decir. Sin embargo, hay palabras y nombres que ya poseen una forma estandarizada de uso.

    Ejemplo: ジェームス Jēmusu · James

  Esta es la forma estandarizada, pero podríamos escribirlo así:

        ジェイムス Jeimusu · James

-Las dobles consonantes se forman igual que en hiragana, con TSU a mitad de tamaño.

    Ejemplo: カップ kappu · taza

¿Quieres practicar hiragana y katakana?

Entra en nuestra página web proyectowatashi.com y encontrarás vocabulario, ejercicios, audios, soluciones... Todo lo necesario para tu estudio.
También puedes acceder a nuestro canal de Telegram @proyectowatashi.

TEMA 1
Érase una vez...

第一課
だい いっ か
昔々
むかしむかし

VOCABULARIO

Lápiz	Goma de borrar	Bolígrafo	Papel	Bachillerato
えんぴつ enpitsu	けしゴム keshigomu	ペン pen	かみ kami	こうこう kōkō

Cuaderno	Mochila/Bolsa	Profesor	Estuche	Libro	Estudiante
ノート nōto	かばん kaban	せんせい sensē	ふでばこ fudebako	ほん hon	がくせい gakusē

Agua	Comida
みず mizu	たべもの tabemono

Café	Bebida
コーヒー kōhī	のみもの nomimono

Falda	Camiseta
スカート sukāto	Tシャツ tīshatsu

Zapatos	Sujetador
くつ kutsu	ブラジャー burajā

Ropa interior	Pantalones
パンツ pantsu	ズボン zubon

Computadora	Casa/Mi casa	Silla	Puerta	Mesa
パソコン pasokon	うち uchi	いす isu	ドア doa	テーブル tēburu

Televisión	Pañuelo	Cortina	Póster	Lámpara
テレビ terebi	ハンカチ hankachi	カーテン kāten	ポスター posutā	ランプ ranpu

Japón	Amigo	Yo	Juego
にほん nihon	ともだち tomodachi	わたし watashi	ゲーム gēmu

単語・たんご

おはよう（ございます） ohayō (gozaimasu)	**«Buenos días»:** el «ございます» entre paréntesis podremos añadirlo para más formalidad.
こんにちは konnichiwa	**«Hola/Buenas tardes»:** podemos usarlo de forma más genérica como usaríamos el «hola» en español, pero su horario más normal es entre las 12 h y las 18 h.
こんばんは konbanwa	**«Buenas noches»:** pero solo como saludo, no para ir a dormir.
おやすみ（なさい） oyasumi (nasai)	**«Buenas noches»:** esta expresión sí se usará para desear un buen descanso a alguien. De nuevo, el extra entre paréntesis es opcional.
さようなら sayōnara	**«Adiós»:** de esta forma nos despedimos de alguien de una forma un poco más permanente.
（どうも）ありがとう（ございます） (dōmo) arigatō (gozaimasu)	**«Gracias»:** podemos usar solo «どうも» de una forma correcta para dar las gracias. Si le añadimos «ありがとう», que también significa «gracias», le daremos un carácter más profundo y formal, el cual aumentará aún más si añadimos «ございます».
（どうも）すみません (dōmo) sumimasen	**«Perdón/Perdona/Lo siento»:** podremos usarlo tanto para llamar la atención de alguien antes de hablarle como para disculparnos por algo que hayamos hecho.
ごめん（なさい） gomen (nasai)	**«Perdón/Lo siento»:** en este caso solo podremos usarlo para disculparnos.
いってきます itte kimasu	**«¡Me voy!»:** se usa para avisarle al resto de los habitantes de la casa que vamos a irnos. No decirlo sería de mala educación.
いってらっしゃい itte rasshai	**«Nos vemos»:** aunque esta expresión no significa literalmente eso, es la respuesta que damos a quien nos dice «いってきます», por lo que esta podría ser su equivalencia en español.
ただいま tadaima	**«Ya volví»:** es una expresión tradicional que simplemente comunica a los demás habitantes del lugar que volviste.
おかえり（なさい） okaeri (nasai)	**«Bienvenido a casa»:** es una expresión que empleamos en respuesta a «ただいま» para hacerle saber que lo oímos.

LA GRAMÁTICA DE HOY

1. Estructura básica

El japonés es un idioma complejo apoyado en estructuras y normas que nos van guiando para construir frases correctas y con sentido. Como iremos viendo, este idioma está estructurado en lo que llamaremos «módulos», es decir, cada frase será divisible en distintas partes que por sí mismas ya tienen un significado.
Por ahora usaremos solo una estructura básica a la cual le iremos añadiendo/cambiando elementos para expresarnos cada vez mejor. Comencemos por la partícula «wa» → は.

■ **Partícula は o partícula de tema**

Las partículas (助詞 · じょし · joshi) son los elementos que conectarán en la mayoría de los casos los módulos de la frase.
Antes de empezar, ¿por qué leemos WA si hemos aprendido que se lee HA? Esta pregunta tiene fácil solución: responde a un antiguo uso de la sílaba, la cual solía pronunciarse también como WA.
En la actualidad se ha mantenido el doble uso. Por una parte se usa como sílaba は y forma palabras de un modo habitual, por ejemplo: はっぱ · happa · hoja. Por otra parte se mantiene su lectura WA, pero solo para usarse como partícula, es decir, siempre va sola.
Como su nombre indica, la partícula nos marcará el tema del que estemos hablando. Por ello, debes pensar cuál es tu intención al hablar, cuál es el tema.

Ejemplo:
    Yo soy estudiante. → El tema soy YO, ya que estudiante es una descripción.

■ **です · Desu · Ser/Estar**

です no es realmente un verbo en la gramática japonesa, más bien es considerado un auxiliar, pero, debido a que en español cuadra muy bien con el verbo ser/estar, vamos a relacionarlo así. No olvides que para el idioma japonés no es un verbo.

Retomando la frase del punto anterior, ahora podemos escribirla.
La estructura básica sería:

> Tema + は + descripción + です

Ejemplo:
    Yo soy estudiante.
    Yo: Watashi (tema)
    Soy: desu (verbo)
    Estudiante: gakusē (descripción)

わたし は がくせい です。
WATASHI WA GAKUSĒ DESU.

Prueba a traducir tú mismo:

María es profesora → _____

今日の文法・きょうのぶんぽう

■ か・ka・?

Las frases que podemos hacer ahora se basan en el presente afirmativo. Sin embargo, ¿cómo podemos hacer preguntas? ¡Es muy sencillo en este caso! Si le añadimos か al final a cualquier frase afirmativa, la transformaremos automáticamente en pregunta. Pero ¿por qué? Pues porque los japoneses no tienen en su sistema de escritura el símbolo «?», sino que lo representan con la sílaba か. Esto se parece al español cuando decimos «María es estudiante», ya que si le añadimos los símbolos de interrogación la transformamos en «¿María es estudiante?», una pregunta.

Afirmativo →
Diana es estudiante.
ディアナ は がくせい です。
DIANA WA GAKUSĒ DESU.

Pregunta →
¿Diana es estudiante?
ディアナ は がくせい です か。
DIANA WA GAKUSĒ DESU KA.

Fíjate en que obviamente no ponemos el símbolo, ya que está perfectamente representado con esa sílaba, por lo tanto, ¡no olvides darle el tono de pregunta!
Aunque nos guste este sistema, solo funcionará para aquellas preguntas de respuesta «Sí/No», ya que las demás poseerán lógicamente un interrogativo: quién, cuándo, cómo, dónde, etc. Por ahora solo veremos なん・NAN (qué), aplicado en el punto 3.

2. Números

Para contar en japonés usaremos un sistema que llamaremos «conteo y reinicio». El orden es bien sencillo y podrás acostumbrarte rápidamente a contar en este idioma.

1 - いち・ichi
2 - に・ni
3 - さん・san
■ 4 - し/よん・shi/yon
5 - ご・go
6 - ろく・roku
■ 7 - しち/なな・shichi/nana
8 - はち・hachi
■ 9 - きゅう/く・kyū/ku
10 - じゅう・jū   ■ Tiene dos lecturas, cuyos usos iremos viendo.

A partir de aquí reiniciaremos el conteo después del 10:

11 - じゅういち・jūichi
12 - じゅうに・jūni
13 - じゅうさん・jūsan
14 - じゅうよん・jūyon
15 - じゅうご・jūgo
16 - じゅうろく・jūroku
17 - じゅうなな・jūnana
18 - じゅうはち・jūhachi
19 - じゅうきゅう・jūkyū

LA GRAMÁTICA DE HOY

¿Y qué pasa cuando llegamos al 20? Acumularemos el número 20 (dos veces diez) y volveremos a reiniciar en el 1. Es igual con los demás.

20 - にじゅう · nijū
22 - にじゅうに · nijūni
24 - にじゅうよん · nijūyon
30 - さんじゅう · sanjū
40 - よんじゅう · yonjū
50 - ごじゅう · gojū
60 - ろくじゅう · rokujū
80 - はちじゅう · hachijū

21 - にじゅういち · nijūichi
23 - にじゅうさん · nijūsan
25 - にじゅうご · nijūgo
31 - さんじゅういち · sanjūichi
41 - よんじゅういち · yonjūichi
51 - ごじゅういち · gojūichi
70 - ななじゅう · nanajū
90 - きゅうじゅう · kyūjū

100 - ひゃく · hyaku
- 300 - さんびゃく · sanbyaku
- 600 - ろっぴゃく · roppyaku
- 800 - はっぴゃく · happyaku ←

¡El número feliz!

1000 - せん · sen
- 3000 - さんぜん · sanzen
- 8000 - はっせん · hassen

- Lecturas especiales

Cuando lleguemos a 10 000, tendremos que reiniciar, pero desde el 1. ¿Qué significa esto? Que en nuestra cabeza será algo así como «uno y cuatro ceros».

10000 - いちまん · ichiman

Por lo tanto, si hubiera más cifras que esos cuatro ceros tendríamos que contar 4 cifras desde el final, y ahí meteríamos «man». Demos varios ejemplos:

19345:   ichi man kyūsen sanbyaku yonjū go.

678125:   rokujū nana man hassen hyaku nijū go.

5874981:   gohyaku hachijū nana man yonsen kyūhyaku hachijū ichi.

El número más grande que aprenderemos será:

99999999:   kyūsen kyūhyaku kyūjūkyū man kyūsen kyūhyaku kyūjūkyū.

Practica los números en los ejercicios de esta lección y vuelve con las pilas cargadas para continuar con el aprendizaje.

3. Sufijos

Este idioma, como ya hemos dicho, se basa mucho en estructuras y módulos. Debido a ello, la forma de hablar se vuelve muy estructurada, ordenada y a veces incluso ambigua. Una parte muy importante de este idioma son los sufijos, pequeñas palabras que unidas a otra nos dan mucha información en muy poco espacio. Vamos a ver algunos de ellos que nos permitirán decir nuestra edad, el curso en el que estamos, etc.

今日の文法・きょうのぶんぽう

■ **Número + さい・Edad**

$$X + は + número + さい + です$$
$$X \text{ tiene } \_\_ \text{ años}$$

PREGUNTA: なんさいですか・nan sai desu ka (¿Qué edad tienes?)

Ejemplo:
わたしはにじゅうななさいです。
Yo tengo 27 años.

*Ten en cuenta que existen excepciones de lectura en los años que terminan en 1, 8 y 0:
1 - いっさい issai　　8 - はっさい hassai　　10 じゅっさい/じっさい jussai/jissai

Además, cuando tienes 20 años también puede leerse como: «はたち・hatachi».

■ **Número + ねんせい・Estudiante de X curso**

En este caso, ねん significa AÑO y せい es una abreviación de がくせい (estudiante).

$$X + は + número + ねんせい + です$$
$$X \text{ es estudiante de } \_\_ \text{ curso}$$

PREGUNTA: なんねんせいですか・nan nensē desu ka (¿En qué curso estás?)

Ejemplo:
フェリペ は よねんせい です。　　(Excepción: 4º curso よねん)
Felipe es estudiante de cuarto curso.

■ **País + ご・Idioma de ese país**

くに・kuni	País	Idioma

スペイン　　　　（supein）　　　　España　　　　スペインご　　　（supeingo）
イタリア　　　　（itaria）　　　　Italia　　　　　イタリアご　　　（itariago）
ドイツ　　　　　（doitsu）　　　　Alemania　　　　ドイツご　　　　（doitsugo）
アメリカ　　　　（amerika）　　　EE.UU.　　　　　えいご　　　　　*eigo
フランス　　　　（furansu）　　　Francia　　　　　フランスご　　　（furansugo）
フィリピン　　　（firipin）　　　　Filipinas　　　　フィリピンご　　（firipingo）
インドネシア　　（indoneshia）　 Indonesia　　　　インドネシアご　（indoneshiago）
にほん　　　　　（nihon）　　　　Japón　　　　　　にほんご　　　　（nihongo）
かんこく　　　　（kankoku）　　　Corea (Sur)　　　かんこくご　　　（kankokugo）
ちゅうごく　　　（chūgoku）　　　China　　　　　　ちゅうごくご　　（chūgokugo）
イギリス　　　　（igirisu）　　　　Reino Unido　　　えいご　　　　　*eigo

*El inglés como idioma siempre se dirá «えいご», y si queremos marcar que es el inglés de un país diremos «アメリカのえいご», por ejemplo.

LA GRAMÁTICA DE HOY

■ **País + じん · Gentilicio**

くに · kuni	Gentilicio	
スペイン	スペインじん	supeinjin
イタリア	イタリアじん	itariajin
ドイツ	ドイツじん	doitsujin
アメリカ	アメリカじん	amerikajin
フランス	フランスじん	furansujin
フィリピン	フィリピンじん	firipinjin
インドネシア	インドネシアじん	indoneshiajin
にほん	にほんじん	nihonjin
かんこく	かんこくじん	kankokujin
ちゅうごく	ちゅうごくじん	chūgokujin
イギリス	イギリスじん	igirisujin

■ **Número + じ · Horas**

Gracias a este sufijo aprenderemos a decir las horas en punto y las «y media». ¡Atento a los números con dos lecturas! Para saber si nos referimos a la mañana o a la tarde añadiremos antes de la hora ごぜん (AM) o ごご (PM).

PREGUNTA: なんじですか · nan ji desu ka (¿Qué hora es?)

いちじ	ichiji	1:00
にじ	niji	2:00
さんじ	sanji	3:00
*よじ	yoji	4:00
ごじ	goji	5:00
ろくじ	rokuji	6:00
*しちじ	shichiji	7:00
はちじ	hachiji	8:00
*くじ	kuji	9:00
じゅうじ	jūji	10:00
じゅういちじ	jūichiji	11:00
じゅうにじ	jūniji	12:00

Para expresar que son «y media» añadiremos «はん · han» después de la hora. No te preocupes por los minutos, lo aprenderemos en el próximo tema.

Ejemplos:
  ごごいちじはん · gogo ichi ji han (13:30)
  ごぜんいちじはん · gozen ichi ji han (1:30)

Por último, si usamos el sufijo じかん · jikan, marcaremos que es un periodo de tiempo de X horas, no una hora del día.

今日の文法・きょうのぶんぽう

PREGUNTA: なんじかんですか · nan jikan desu ka (¿Cuántas horas son?)

Ejemplos:
いちじかんです · ichi jikan desu · Es una hora.
さんじかんはんです · san jikan han desu · Son tres horas y media.

■ Nombre/Apellido + さん/くん/ちゃん/さま · Referirnos a las personas

Cuando establecemos relaciones interpersonales se ve muy reflejado el nivel de cercanía, respeto y/o jerarquía que tenemos con esa persona a través de la lengua. No hablaremos igual a nuestro profesor que a nuestro amigo. Es más, no hablaremos igual a nuestro mejor amigo que a un amigo que acabamos de hacer. Los sufijos nos ayudan a establecer un orden y expresar además respeto, cariño, etc.

さん	Es el más genérico, expresa respeto.
くん	Se utiliza para hombres más jóvenes que la persona que habla, como norma general.
ちゃん	Implica cariño o afecto, se usa sobre todo entre los más jóvenes.
さま	Expresa un gran respeto, se usa por ejemplo para referirse a «dios» (kami-sama).

Para no cometer faltas de respeto usaremos «さん» después del apellido o nombre de la persona con la que hablemos. El uso de los pronombres lo restringiremos mucho por este mismo motivo; usaremos siempre el nombre de la persona en lugar de «tú» o «él/ella».

4. Partícula の · Posesión

Cuando queremos marcar la posesión o pertenencia utilizamos esta partícula, la cual responde a esta estructura:

$$\boxed{\text{poseedor} + の + \text{poseído}}$$

La encadenación de esta partícula tendrá el mismo límite que en español, el límite que tú creas conveniente para que la otra persona no se pierda.

Ejemplos:
-Mi profesor
わたしのせんせい　　　　　watashi no sensē

-La bebida de mi profesor
わたしのせんせいののみもの　　watashi no sensē no nomimono

En caso de que no te quede claro quién posee a quién, como podría ser en los ejemplos «libro de japonés», «profesora de bachillerato», etc., el truco está en darle la vuelta al español:

Ejemplos:
-Profesora de bachillerato
こうこうのせんせい　　　　　kōkō no sensē

¡A PRACTICAR!

1. Traduce las siguientes frases al japonés:

a) Yo soy María.

b) Es mi bolígrafo.

c) El estudiante es mi amigo.

d) ¿Es la mesa de Ana?

e) La falda de Kaori.

f) La amiga de Sandra es japonesa.

g) ¿Ian es francés?

h) El amigo de Jorge es Miguel. Es filipino.

2. Traduce las siguientes frases al español:

a) わたしのみずです。

b) マリアさんはさんねんせいのがくせいですか。

c) ペドロのいすです。

d) わたしのスカートですか。

e) すみません、アントニオさんのたべものですか。

f) すみません、なんじですか。

練習！練習！・れんしゅう！れんしゅう！

3. Escribe los siguientes números en japonés:

a) 5 _____

b) 86 _____

c) 357 _____

d) 2014 _____

e) 58741 _____

f) 598265 _____

g) 1234567 _____

h) 85974103 _____

i) 14526987 _____

4. Pregunta la edad a las personas de tu entorno y escribe la respuesta. Escribe su nombre en katakana y la edad en hiragana:

a) _____

b) _____

c) _____

d) _____

e) _____

5. なんじですか。

a) 1:30 _____

b) 16:00 _____

c) 3:30 _____

d) 19:30 _____

e) 11:00 _____

f) 14:00 _____

聞き取り・ききとり

Comprensión auditiva

1. Escucha las siguientes palabras y escríbelas:

a) _____

b) _____

c) _____

d) _____

e) _____

2. Escucha las siguientes frases y escríbelas:

a) _____

b) _____

c) _____

d) _____

e) _____

3. Escucha el audio y responde a las preguntas:

a) _____

b) _____

c) _____

4. Elige la opción correcta:

a)   1.   2.   3.   4.

b)   1.   2.   3.   4.

c)   1.   2.   3.   4.

d)   1.   2.   3.   4.

e)   1.   2.   3.   4.

日本文化・にほんぶんか

Cultura japonesa

七夕・Tanabata

Cada 7 de julio se celebra Tanabata, el festival de verano más famoso en Japón. Tiene su origen en un cuento tradicional que narra la historia de dos enamorados:

Orihime y Hikoboshi, quienes se conocieron gracias al dios Tentei, padre de Orihime, estaban locos el uno por el otro. Sin embargo, descuidaron sus respectivas obligaciones y tareas, por lo que Tentei tuvo que separarlos para siempre y mandó a cada uno a un lado de la Vía Láctea (天の川 - Amanogawa).
Las lágrimas y el sufrimiento de Orihime ante la dolorosa separación ablandaron el corazón de su padre, que les permitió que una vez al año pudieran pasar una noche de amor juntos.

Esto se explica en el mapa de estrellas con la cercanía de las estrellas Vega (Orihime) y Altair (Hikoboshi) en esas fechas.

¿Cómo se celebra? Tradicionalmente las personas escriben sus deseos en un trozo de papel de colores llamado tanzaku y lo cuelgan en el bambú. Esa noche pueden verse por Japón fuegos artificiales (hanabi), decoraciones muy coloridas, eventos en tiendas, ediciones especiales de productos y, sobre todo, mucho amor y ambiente festivo. El próximo día de Tanabata, ¿por qué no pruebas a escribir tu deseo en japonés en un tanzaku?

Diálogo

Derek y Arturo se encuentran en la ceremonia de inauguración del curso.

デレック: こんにちは！

アルテゥーロ: おはよう！

デレック: あなたのなまえはなんですか。わたしはデレックです。

アルテゥーロ: はじめまして！わたしはアルテゥーロです。

デレック: アルテゥーロさんはがくせいですか。

アルテゥーロ: はい！わたしはスペインじんのがくせいです。デレックさんはにほんじんですか。

デレック: わたし？いいえ、ドイツじんです。おかあさんはにほんじんです。おとうさんはドイツじんです。

アルテゥーロ: ああ。。。デレックさんはなんねんせいですか。わたしはにねんせいです。

デレック: はい、にねんせいです。わたしは１７さいです。

アルテゥーロ: わたしは１８さいです！

デレック: あっ！アルテゥーロさんのふでばこですか。

アルテゥーロ: おっ、はい！どうもありがとう！

Vocabulario extra:

おかあさん: Madre
おとうさん: Padre
あっ/おっ: Expresiones de sorpresa, ¡Ah!/¡Oh!
はじめまして: Encantado
いいえ: No

会話・かいわ

Rōmaji

Derekku: Konnichiwa!
Aruturo: Ohayō!
Derekku: Anata no namae wa nandesu ka. Watashi wa Derekku desu.
Aruturo: Hajimemashite! Watashi wa Aruturo desu.
Derekku: Aruturo san wa gakusē desu ka.
Aruturo: Hai! Watashi wa supein jin no gakusē desu. Derekku san wa nihonjin desu ka.
Derekku: Watashi? Īe, doitsujin desu. Okāsan wa nihonjin desu. Otōsan wa doitsujin desu.
Aruturo: Aa… Derekku san wa nannensē desu ka. Watashi wa ninensē desu.
Derekku: Hai, ninensē desu. Watashi wa 17 sai desu.
Aruturo: Watashi wa 18 sai desu!
Derekku: Ah! Aruturo san no fudebako desu ka.
Aruturo: Oh! Hai! Dōmo arigatō!

Español

Derek: ¡Hola!
Arturo: ¡Buenos días!
Derek: ¿Cómo te llamas? Yo me llamo Derek.
Arturo: ¡Encantado! Yo soy Arturo.
Derek: Arturo, ¿eres estudiante?
Arturo: ¡Sí! Soy un estudiante español. Derek, ¿tú eres japonés?
Derek: ¿Yo? No, soy alemán. Mi madre es japonesa. Mi padre es alemán.
Arturo: Ah… ¿En qué curso estás? Yo estoy en segundo año.
Derek: Sí, segundo año. Tengo 17 años.
Arturo: ¡Yo tengo 18 años!
Derek: ¡Ah! ¿Es tu estuche?
Arturo: Oh, sí, ¡gracias!

漢字ファイト！・かんじファイト！

¡Pelea de kanjis!

Nº	Kanji	Lectura on	Lectura kun	Palabras
1	一 Uno (1)	いち いっ	ひと	一・いち - Uno　　一つ・ひとつ - Una cosa 一年生・いちねんせい - 1.er curso 一時・いちじ - La una en punto 一月・いちがつ - Enero
2	二 Dos (2)	に	ふた	二・に - Dos 二つ・ふたつ - Dos cosas 二月・にがつ - Febrero 二時間・にじかん - Dos horas
3	三 Tres (3)	さん	みっ	三・さん - Tres 三つ・みっつ - Tres cosas 三月・さんがつ - Marzo
4	四 Cuatro (5)	し	よん よっ/よ	四・よん/し - Cuatro 四つ・よっつ - Cuatro cosas 四月・しがつ - Abril 四年生・よねんせい - Estudiante de 4.º
5	五 Cinco (4)	ご	いつ	五・ご - Cinco 五つ・いつつ - Cinco cosas 五時・ごじ - Las cinco en punto
6	六 Seis (4)	ろく ろっ	むっ	六・ろく - Seis 六つ・むっつ - Seis cosas
7	七 Siete (2)	しち	なな	七・しち/なな - Siete 七つ・ななつ - Siete cosas 七時・しちじ - Las siete en punto
8	八 Ocho (2)	はち	やっ	八・はち - Ocho 八つ・やっつ - Ocho cosas 八千・はっせん - Ocho mil
9	九 Nueve (2)	きゅう く	ここの	九・きゅう/く - Nueve 九つ・ここのつ - Nueve cosas 九時・くじ - Las nueve en punto
10	十 Diez (2)	じゅう じゅっ/じっ	とお	十・じゅう - Diez 十・とお - Diez cosas
11	百 Cien (6)	ひゃく びゃく/ぴゃく		百・ひゃく - Cien 三百・さんびゃく - Trescientos
12	千 Mil (3)	せん ぜん		千・せん - Mil 三千・さんぜん - Tres mil 八千・はっせん - Ocho mil
13	万 Diez mil (3)	まん		一万・いちまん - Diez mil

漢字ファイト！·かんじファイト!

¡A practicar!

Por ser el primer apartado de kanjis, debemos explicar cómo estudiaremos cada tema.

Nº	Kanji	Lectura on	Lectura kun	Palabras
1	一 Uno (1)	いち いつ	ひと	一・いち - Uno 一つ・ひとつ - Una cosa 一年生・いちねんせい - 1.er curso 一時・いちじ - La una en punto 一月・いちがつ - Enero

Primero encontrarás un número, que usamos para saber cuántos kanjis llevamos estudiados. En la siguiente casilla encontrarás el kanji en sí y debajo su significado y el número de trazos que tiene, es decir, cuántos trazos se necesitan para escribirlo. A continuación encontramos la lectura on (onyomi), es decir, la lectura que se ha heredado del chino. A veces veremos clara esa descendencia, pero en otros casos se ha diferenciado mucho de su origen. En el cuarto apartado tenemos la lectura kun (kunyomi), que hace referencia a la lectura que se ha creado propiamente en Japón. Por último, encontrarás lo más importante: palabras en las cuales está aplicado el kanji que estemos estudiando.

¿Y por qué no abordamos el orden de trazos y escritura de los kanji? Porque queremos que este sea un libro práctico y enfocado al estudio del examen oficial de idioma (NOKEN) y a la vida moderna, en la cual la escritura, por desgracia, se ha ido perdiendo. En este libro enfocaremos los kanjis a un estudio de vocabulario aplicado, es decir, a aprender a leer kanjis y a saber con cuáles se escribe la palabra que queremos usar.

1. Escribe lo siguiente en kanji:

a) 1862 _____

b) 2089367 _____

2. Escribe en hiragana y en números los siguientes kanjis:

a) 八万九千五 _____

b) 百七 _____

c) 八千 _____

3. Traduce las siguientes frases y escribe los kanjis que conozcas:

a) Andrés tiene 18 años. Yo tengo 30 años.
_____

b) Mi amiga es estudiante de tercer año. Mi amiga tiene 21 años.
_____

Lectura y escritura

1. Lee el siguiente texto:

みなさん、こんにちは！はじめまして！わたしのなまえはイアンです。一ねんせいのがくせいです。にほんごのがくせいです。わたしのおかあさんはインドネシアじんです。五十一さいです。そして、おとうさんはフランスじんです。でも、わたしのくにはちゅうごくです。わたしは十六さいです。
よろしくおねがいします。

Vocabulario extra:

そして・soshite - Además
でも・demo - Pero
くに・kuni - País
みなさん・minasan - Todos (llamamiento)
なまえ・namae - Nombre

2. Responde en japonés a las preguntas sobre el texto:

a) なまえはなんですか。
_____

b) なんさいですか。
_____

c) くにはなんですか。
_____

d) おとうさんのくにはなんですか。
_____

e) おかあさんはなんさいですか。
_____

書きと読み・かきとよみ

3. Inspirándote en el texto anterior, intenta escribir tu propia redacción:

_____
_____
_____
_____
_____
_____
_____
_____
_____
_____
_____

¿Una ayudita?

Conectores al inicio de frase:

- Pero: でも
- Así que: だから
- Además: そして

Expresiones:

よろしくおねがいします: tiene una traducción al estilo «cajón de sastre», ya que se traduce al español según el caso. En general se utiliza para expresar gratitud con la otra persona antes de que te haga un favor o en situaciones en las cuales cuentas con la otra persona para que te ayude, o simplemente «te trate bien». Si lo usamos al final de una presentación, indicará que esperamos que nos llevemos bien y tengamos una buena relación.

Examen

1. Traduce las siguientes palabras al español:

a) ランプ _____

b) ふでばこ _____

c) こうこう _____

d) たべもの _____

2. Traduce las siguientes palabras al japonés:

a) Computadora _____

b) Falda _____

c) Papel _____

d) Goma de borrar _____

3. Utiliza la partícula の (NO) para traducir las siguientes expresiones al japonés:

a) Profesor de mi amiga _____

b) Estudiante de francés _____

c) Mi bolsa _____

d) Falda de mi madre _____

4. Escribe los siguientes números en kanji:

a) 8 _____

b) 15 _____

c) 647 _____

d) 3875 _____

5. Escribe las siguientes preguntas en japonés:

a) ¿Mati es española?

_____

b) ¿El nombre de la madre de Candela es María?

_____

テスト

c) ¿La madre de Pablo tiene 56 años?
_____

d) ¿Juan Pedro es estudiante?
_____

6. ¿Qué sufijo es el más apropiado en cada caso?:

a) Con tu compañero de clase (chico)   _____

b) Con un jefe muy importante en un contexto de trabajo   _____

c) Con tu madre   _____

d) Con tu compañero de trabajo   _____

7. Escribe en hiragana:

a) 三万五百六十一   _____

b) 五万二   _____

8. Escribe en katakana:

a) Natalia   _____

b) Halloween   _____

c) Estacionamiento   _____

d) Córdoba   _____

9. ¿Qué expresión debes usar?:

a) Golpeas a alguien sin querer   _____

b) Te despides en el aeropuerto   _____

c) Te vas a dormir   _____

d) Llegas a casa   _____

10. Traduce al español:

a) 十二じ   _____   c) 四ねんせい   _____

b) ホルへさん   _____   d) かんこくご   _____

TEMA 2
Fecha de nacimiento

第二課
生年月日

VOCABULARIO

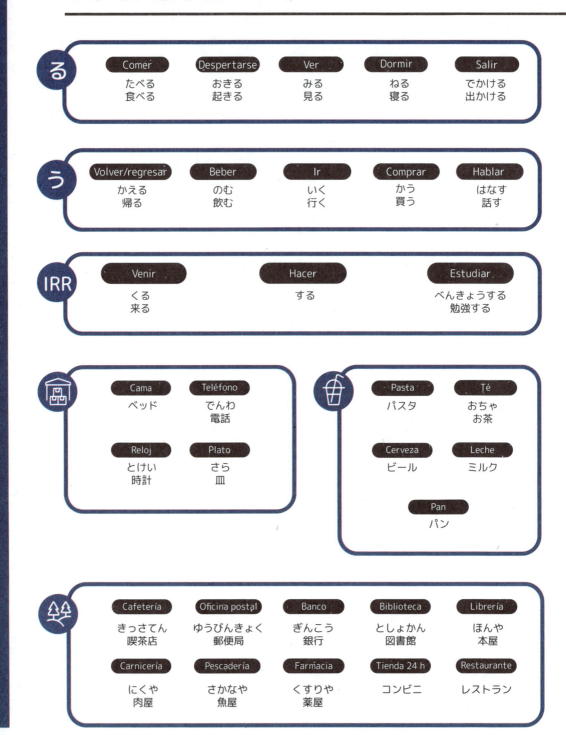

る
- Comer: たべる / 食べる
- Despertarse: おきる / 起きる
- Ver: みる / 見る
- Dormir: ねる / 寝る
- Salir: でかける / 出かける

う
- Volver/regresar: かえる / 帰る
- Beber: のむ / 飲む
- Ir: いく / 行く
- Comprar: かう / 買う
- Hablar: はなす / 話す

IRR
- Venir: くる / 来る
- Hacer: する
- Estudiar: べんきょうする / 勉強する

- Cama: ベッド
- Teléfono: でんわ / 電話
- Reloj: とけい / 時計
- Plato: さら / 皿

- Pasta: パスタ
- Té: おちゃ / お茶
- Cerveza: ビール
- Leche: ミルク
- Pan: パン

- Cafetería: きっさてん / 喫茶店
- Oficina postal: ゆうびんきょく / 郵便局
- Banco: ぎんこう / 銀行
- Biblioteca: としょかん / 図書館
- Librería: ほんや / 本屋
- Carnicería: にくや / 肉屋
- Pescadería: さかなや / 魚屋
- Farmacia: くすりや / 薬屋
- Tienda 24 h: コンビニ
- Restaurante: レストラン

単語・たんご

カレンダー・Calendario

一月	いちがつ	Enero
二月	にがつ	Febrero
三月	さんがつ	Marzo
四月	しがつ	Abril
五月	ごがつ	Mayo
六月	ろくがつ	Junio
七月	しち/ななone がつ	Julio
八月	はちがつ	Agosto
九月	くがつ	Septiembre
十月	じゅうがつ	Octubre
十一月	じゅういちがつ	Noviembre
十二月	じゅうにがつ	Diciembre

L 月曜日 げつようび	M 火曜日 かようび	X 水曜日 すいようび	J 木曜日 もくようび	V 金曜日 きんようび	S 土曜日 どようび	D 日曜日 にちようび
1 一日 ついたち	2 二日 ふつか	3 三日 みっか	4 四日 よっか	5 五日 いつか	6 六日 むいか	7 七日 なのか
8 八日 ようか	9 九日 ここのか	10 十日 とおか	11 十一日 じゅういちにち	12 十二日 じゅうににち	13 十三日 じゅうさんにち	14 十四日 じゅうよっか
15 十五日 じゅうごにち	16 十六日 じゅうろくにち	17 十七日 じゅうしちにち	18 十八日 じゅうはちにち	19 十九日 じゅうくにち	20 二十日 はつか	21 二十一日 にじゅういちにち
22 二十二日 にじゅうににち	23 二十三日 にじゅうさんにち	24 二十四日 にじゅうよっか	25 二十五日 にじゅうごにち	26 二十六日 にじゅうろくにち	27 二十七日 にじゅうしちにち	28 二十八日 にじゅうはちにち
29 二十九日 にじゅうくにち	30 三十日 さんじゅうにち	31 三十一日 さんじゅういちにち				

LA GRAMÁTICA DE HOY

1. Verbos en presente, pasado y futuro

Los verbos (動詞・どうし) en japonés se dividen en tres tipos en función de cómo se conjugan. Antes que nada, hay que explicar que el japonés carece de género y número. Por lo tanto, el contexto es tremendamente importante en este idioma. Además, hay que decir que los verbos tendrán, en cualquier tiempo verbal, una forma larga (más formal) y una forma corta (más informal). Por ahora estudiaremos el verbo en forma corta presente afirmativa para enumerarlos y determinar a qué tipo pertenece, pero lo conjugaremos solo en forma larga, ya que es más simple y educada.

■ **Verbos る**

Estos verbos SIEMPRE terminan en る en su forma corta presente afirmativa y su conjugación en forma larga será tan simple como eliminar ese る y poner el sufijo del tiempo verbal que necesitemos.

Ejemplo: たべる	+	-
PRESENTE	たべます	たべません
PASADO	たべました	たべませんでした

■ **Verbos う**

En este grupo tendremos todos aquellos verbos que terminen en cualquier sílaba de la columna «u»: u, ku, su, mu, nu, etc. Entre esas sílabas está る, por lo tanto sí, tendremos algunos verbos que terminen en る pero sean tipo う. Estate atento a su conjugación y no tendrás problema.
Para su conjugación, observa esa sílaba que termina en «u» y la cambiaremos a su correspondiente de la columna «i», luego le añadiremos los mismos sufijos que en los verbos る. Por ejemplo, はなす será はなし + sufijos.

Ejemplo: のむ	+	-
PRESENTE	のみます	のみません
PASADO	のみました	のみませんでした

■ **Verbos irregulares**

Por suerte, este idioma cuenta solo con dos verbos irregulares, que son «venir» y «hacer». Sin embargo, estos son combinables con sustantivos y otros verbos para crear nuevos verbos, los cuales serán conjugados de la misma forma, ya que lo único que cambiará será ese «venir» o «hacer» que aparezca al final. Por ejemplo, べんきょう significa «estudio» y する significa «hacer», por lo tanto べんきょうする será «estudiar». Eso sí, la conjugación de estos dos verbos irregulares variará con mucha facilidad, por lo que necesitan mucho estudio.

今日の文法・きょうのぶんぽう

¡Atentos a las tablas!

くる	+	-
PRESENTE	きます	きません
PASADO	きました	きませんでした

する	+	-
PRESENTE	します	しません
PASADO	しました	しませんでした

Los verbos japoneses no poseen un tiempo futuro, por lo tanto, felicidades, ya sabes conjugar en presente y en futuro. Por eso hablábamos de la gran importancia del contexto en este idioma. Si no tenemos en cuenta dicho contexto podríamos confundir presente con futuro. El contexto puede ser la misma conversación, palabras como: ayer, mañana, la semana que viene...

Pero no olvidemos el auxiliar です, el cual seguiremos usando con mucha frecuencia. Veamos cómo se conjuga en forma larga.

です	+	-
PRESENTE	です	じゃないです / じゃありません
PASADO	でした	じゃなかったです / じゃありませんでした

La negación tiene dos formas, ya que ない es la forma corta de ありません y なかった es la forma corta de ありませんでした.
Estas formas negativas se usarán sobre todo de modo ORAL ya que, por lo general, en medios escritos sustituiremos じゃ por では (/dewa/), por lo que quedaría así:

Presente: ではないです / ではありません

Pasado: ではなかったです / ではありませんでした

じゃ es la contracción de では, por lo tanto, en ambos casos estamos diciendo lo mismo. Los cambios se basan en ese matiz de oral y escrito que hemos visto.

Prueba a conjugar los verbos del vocabulario para practicar o haz un par de ejercicios antes de continuar. Por ejemplo, intenta traducir:

Cristina no es estudiante. →

LA GRAMÁTICA DE HOY

2. Partículas

Como dijimos en el tema uno, el japonés se divide en módulos con significado propio que pueden estar o no terminados en una partícula. Las partículas tienen un potente significado gramatical, pero no siempre representarán un concepto literal en las traducciones. En el primer tema vimos la partícula は, la cual nos marca el tema de la frase (que no siempre coincide con el sujeto). Veremos ahora seis partículas más que nos permitirán construir una gran variedad de frases gracias a los verbos que hemos aprendido. En la página web encontrarás una lista de verbos con sus partículas.

- **を (o)**

Nos marcará el objeto directo de la frase: como pasta, bebo agua, veo la televisión, etc.

   パスタをたべます。   Como pasta.

   みずをのみます。   Bebo agua.

- **で**

1. Indica el lugar en el que llevamos a cabo la acción. No se tendrán en cuenta verbos como vivir, existir, etc.

   としょかんでべんきょうします。   Estudio en la biblioteca.

   レストランでたべます。   Como en un restaurante.

2. Herramienta con la cual hacemos la acción.

   でんわではなします。   Hablo por teléfono.

   バス(autobús)でいきます。   Voy en autobús.

- **に**

1. Marca tiempos concretos de la acción: minutos, horas, días de la semana, días del mes, meses, años.

   もくようびにミルクをかいました。   Compré leche el jueves.

   わたしはーじはんにきました。   Yo vine a la 1:30.

2. Señala el destino del movimiento.

   ちゅうごくにいきます。   Voy a China.

- **へ (e)**

Posee el mismo uso que el caso 2 de la partícula NI.

   ちゅうごくへいきます。   Voy a China.

今日の文法・きょうのぶんぽう

■ から

1. Cuando veamos esta partícula al final de frase o antes de una coma, tendrá el sentido de «como/porque».

   にほんじんですから。   Porque es japonés.
   にほんじんですから、… Como es japonés, …

2. Cuando se encuentre después de un tiempo o un lugar, significará «desde».

   コルドバから１００キロです。 Son 100 km desde Córdoba.

■ まで

Significa «hasta» y suele ir combinado con la anterior.

   スペインからフランスまでいきます。 Voy desde España hasta Francia.

3. Interrogativos (PARTE 1)

En este apartado echaremos un primer vistazo a las principales partículas interrogativas y veremos las estructuras de preguntas y respuestas que se complementarán con el punto 4, dedicado exclusivamente a estructuras.

Las frases de interrogativo generalmente se responderán con la misma estructura que la pregunta, pero sustituyendo la partícula interrogativa en sí por la respuesta que queremos dar. Por supuesto, tendremos que eliminar el «か» del final y tener cuidado con el sujeto.

■ **Qué**   なに・なん

-マリアさんのたべものはなんですか。 ¿La comida de María qué es?
-わたしのたべものはクロケタスです。 Mi comida son croquetas.

■ **Quién**   だれ

-ホセさんはだれですか。 ¿Quién es José?
-あ！わたしです！ ¡Ah! Soy yo.

■ **De quién**   だれの

-ふでばこはだれの(ふでばこ)*ですか。 ¿El estuche es (el estuche) de quién?
-ふでばこはペペさんの(ふでばこ)*です。 El estuche es (el estuche) de Pepe.

*Aquí es opcional repetir el objeto.

■ **Dónde**   どこ

-ほんはどこですか。 ¿Dónde está el libro?
-ほんはここです。 El libro está aquí. (ここ: aquí).

LA GRAMÁTICA DE HOY

- **Cuándo**　　　　　　いつ

-パーティーはいつですか。　　　　　　¿Cuándo es la fiesta?

-パーティーは三がつみっかです。　　　La fiesta es el 3 de marzo.

* パーティー fiesta*

- **Cuánto cuesta**　　　いくら

-ほんはいくらですか。　　　　　　¿Cuánto cuesta el libro?

-ほんは２０００えんです。　　　　El libro cuesta 2 000 yenes.

えん yenes

Habrá casos en los que tu lógica te pida poner la partícula は después de un interrogativo, pero estos nunca llevan は. La partícula correcta será が, ya que, en los casos en los que esa duda aparezca, seguramente estarás intentando marcar el sujeto. Hablaremos de las partículas が y は a profundidad más adelante.

Ejemplo:
- X　　だれはマリアさんのともだちですか。
- O　　だれがマリアさんのともだちですか。　¿Quién es la amiga de María?

4. Estructuración de frases

Vamos a agrupar en este punto algunas estructuras para que puedas crear frases y vayas acostumbrándote a este tipo de orden.
Pero, primero, veamos la norma general de traducción al español:

1. Traducir desde la partícula は hacia el inicio de frase.
2. Traducir desde el final hasta dicha partícula en ese sentido.

Ejemplo:
　　　バネサのともだちのおかあさんは　　　こうこうのせんせいです。
　　　La madre del amigo de Vanesa　　　es profesora de bachillerato.

*Si no hubiera partícula は, iríamos directamente al final.

*Los interrogativos alteran el orden de traducción, ya que en español solemos colocarlo en primer lugar.

Recuerda que estas estructuras pueden acortarse o alargarse, fusionarse, etc. No las tomes como algo cerrado. Además, en cuanto aprendas adjetivos, adverbios, etc., podrás añadir más módulos. Recuerda que el módulo de tiempo es prácticamente aplicable a cualquier estructura, ya que podemos decir la fecha u hora en casi cualquier situación.

今日の文法・きょうのぶんぽう

- TEMA は + DESCRIPCIÓN + です (+ か)

わたしは にほんごのがくせい です。

Yo soy estudiante de japonés.

- TIEMPO に + TEMA は + LUGAR で + OBJETO を + VERBO

げつようびに アンジさんは きっさてんで おちゃを のみます。

El lunes Angy beberá té en una cafetería.

- TIEMPO に + LUGAR/TIEMPO から + LUGAR/TIEMPO まで + VERBO

かようびに にほんから スペインまで いきました。

El martes fui desde Japón hasta España.

- TIEMPO に + PERSONA は + DESTINO に/へ + VERBO IR/VENIR/VOLVER

にちようびに わたしは コルドバへ かえります。

El domingo vuelvo a Córdoba.

- HERRAMIENTA で + VERBO

スペインごで はなします。

Hablo en español.

- TIEMPO に + TEMA は + INTERROGATIVO + PARTÍCULA + VERBO + か

きんようびに ホルヘさんは なに を しました か。

¿Qué hizo Jorge el viernes?

- TEMA は + INTERROGATIVO + です + か

アントニオさんは どこ です か。

¿Dónde está Antonio?

Intenta crear frases por ti mismo. No te preocupes si aún tienes poco vocabulario, céntrate en repasar lo que has aprendido hasta ahora.

5. Minutos

En el tema 1 comenzamos aprendiendo las horas en punto y las medias; ahora continuamos con los minutos. La estructura sería la siguiente:

$$N^{\underline{o}} + じ + N^{\underline{o}} + ぷん/ふん$$

LA GRAMÁTICA DE HOY

Para decir los minutos tendremos que fijarnos en el último número. Por ejemplo, si son y 46 minutos, tendremos que mirar el 6. ¿Por qué? Porque el inicio del número será como siempre, solo cambiará la lectura del número que está antes de la palabra «minuto» (ぷん/ふん).

1 いっぷん   2 にふん
3 さんぷん   4 よんぷん
5 ごふん   6 ろっぷん
7 ななふん   8 はちふん / はっぷん
9 きゅうふん   10 じゅっぷん / じっぷん

A partir de aquí solo tendrás que escribir el número en japonés atendiendo a cuál es el último dígito. Algunos ejemplos:

3:40   さんじよんじゅっぷん
5:26   ごじにじゅうろっぷん

Terminamos este tema con la palabra «ごろ», la cual podremos poner después de cualquier hora para expresar «aproximadamente».

Este segundo tema contiene mucho vocabulario. No tengas miedo de estar el tiempo que necesites con cada tema. No avances si no recuerdas el vocabulario o no haces correctamente los ejercicios.
Cada uno tiene su ritmo, encuentra el tuyo.

今日の文法・きょうのぶんぽう

Completa la siguiente tabla de verbos con las cuatro formas largas.
Escribe debajo una frase con cada verbo.

FORMA CORTA	PRES. AFIRM.	PRES. NEGATIVO	PAS. AFIRM.	PAS. NEGATIVO
たべる				
くる				
でかける				
する				
かう				
べんきょうする				
みる				
ねる				
いく				
おきる				
はなす				
かえる				
のむ				

¡A PRACTICAR!

1. Traduce las siguientes frases al japonés:

a) Bebo agua en el restaurante.
___

b) El sábado volví a casa a las 23:43.
___

c) ¿María se durmió el viernes a las 20:22?
___

d) Enrique va a la cafetería el domingo a las 10:18.
___

e) No compré leche el lunes.
___

f) Veo la televisión desde las 13:30 hasta las 17:15.
___

g) ¿De quién es el libro?
___

h) Vine a Alemania en abril.
___

2. Traduce las siguientes frases al español:

a) すいようびに七じにおきました。
___

b) とけいはいくらですか。
___

c) わたしのベッドでねます。
___

d) わたしののみものはビールじゃないです。
___

e) ぎんこうはどこですか。
___

練習！練習！・れんしゅう！れんしゅう！

f) レストランでパンをたべました 。
_____

g) ほんやでほんをかいます。
_____

h) でんわではなします 。
_____

3. Construye una frase con cada estructura:

a) TEMA は + DESCRIPCIÓN + です
_____

b) PERSONA は + DESTINO に/へ + VERBO VOLVER
_____

c) TIEMPO に + TEMA は + INTERROGATIVO + PARTÍCULA + VERBO + か
_____

d) TEMA は + INTERROGATIVO + です + か
_____

e) TIEMPO から + TIEMPO まで + VERBO
_____

f) TIEMPO に + LUGAR から + LUGAR まで + VERBO
_____

4. Conjuga los siguientes verbos en presente y pasado (afirmativo y negativo):

a) する
_____

b) のむ
_____

c) くる
_____

d) ねる
_____

聞き取り・ききとり

Comprensión auditiva

1. Escucha las siguientes palabras y escríbelas:

a) _____

b) _____

c) _____

d) _____

e) _____

2. Escucha las siguientes frases y escríbelas:

a) _____

b) _____

c) _____

d) _____

e) _____

3. Escucha el audio y responde a las preguntas:

a) _____

b) _____

c) _____

d) _____

e) _____

4. Elige la opción correcta:

a)	1.	2.	3.	4.
b)	1.	2.	3.	4.
c)	1.	2.	3.	4.
d)	1.	2.	3.	4.
e)	1.	2.	3.	4.

日本文化・にほんぶんか

Cultura japonesa

京極あや・Kyōgoku Aya

Aya, nacida en los años ochenta, puede parecer solo una trabajadora más de la empresa Nintendo. Sin embargo, ha sido la cara visible de las mujeres en la empresa.

Gracias a la saga de videojuegos *Animal Crossing®*, el nombre de Aya Kyōgoku es más famoso. Sin embargo, desde 2003 trabaja en dicha compañía de videojuegos y lleva a sus espaldas proyectos tan importantes como *Zelda*, participando como escritora en dos de sus entregas.

Aya es escritora, directora y productora, y desde 2008 ha ocupado distintos cargos en todos los proyectos de *Animal Crossing* que se han lanzado, convirtiéndose así en la primera mujer directora de su división de Nintendo®, la más grande dentro de la empresa. Pero ¿qué la diferencia del resto? Como hemos dicho, ha sido la cara visible de las mujeres de su empresa, ya que fue la impulsora de la paridad entre hombres y mujeres en la plantilla de sus proyectos de *AC*. En entrevistas, Aya comenta que le chocaba ser siempre la única mujer en los equipos, ya que se perdían puntos de vista. Para Kyōgoku, la diversidad es algo básico en un proyecto que tiene como público objetivo a un rango tan grande de personas.

Katsuya Eguchi, uno de los creadores de *AC*, vio en esta idea un gran proyecto y toda la empresa la apoyó. Los resultados hablaron por sí mismos, ya que consiguieron aumentar las ventas entre las mujeres, dándoles espacio en el mundo de los videojuegos y haciendo que el propio presidente de la compañía se quedara perplejo ante dichos resultados. Además, ambos productores pensaron que esa diversidad no debía depender del rango, por lo que se aceptaban las ideas de CUALQUIER persona del equipo, lo que hacía que el ambiente de trabajo fuera no solo paritario, sino que eliminaba los rangos, ambos detalles muy importantes en la sociedad japonesa.

Actualmente, Aya es la directora de *New Horizons*, el último proyecto de *AC*. ¡Te deseamos lo mejor del mundo, Aya!

Diálogo

Arturo está estudiando en una cafetería.

ところ: きっさてん、八じはん。

アルテゥーロ: すみません、きっさてんはなんじからなんじまでですか。
ウェートレス: きっさてんはごぜん八じからごご七じまでです。
アルテゥーロ: ありがとうございます！

ところ: としょかん、十じ

ももこ: おっ！アルテゥーロさん、こんにちは！べんきょうしますか。
アルテゥーロ: はい！べんきょうします。
ももこ: なんのべんきょうですか。
アルテゥーロ: にほんごのべんきょうです。
ももこ: にほんごのせんせいはだれですか。
アルテゥーロ: あゆみせんせいです。
ももこ: いいですね！がんばってください！
アルテゥーロ: ももこさんのかばんはどこですか。
ももこ: 今日はべんきょうしません。いまゆうびんきょくにいきます。
アルテゥーロ: わたしは八じはんにいきました。 いまおちゃをのみます。
ももこ: いいですね！
アルテゥーロ: あしたべんきょうしますか。
ももこ: オッケ！またあした！

Vocabulario extra:

ところ - Lugar
ウェートレス - Mesera
がんばってください - Ánimo
いいですね！ - ¡Qué bien!
今日・きょう - Hoy
今・いま - Ahora
あした - Mañana
オッケ - Ok
またあした - Hasta mañana

Rōmaji

Tokoro: Kissaten, hachiji han.

Arturo: Sumimasen, kissaten wa nanji kara nanji made desu ka.
Wētoresu: Kissaten wa gozen hachiji kara gogo shichiji made desu.
Arturo: Arigatō gozaimasu!

Tokoro: Toshokan, jūji

Momoko: Oh! Arturo-san, konnichiwa! Benkyō shimasu ka.
Arturo: Hai! Benkyō shimasu.
Momoko: Nan no benkyō desu ka.

会話・かいわ

Arturo: Nihongo no benkyō desu.
Momoko: Nihongo no sensē wa dare desu ka.
Arturo: Ayumi sensē desu.
Momoko: Ii desu ne! Ganbatte kudasai!
Arturo: Momoko-san no kaban wa doko desu ka.
Momoko: Kyō wa benkyō shimasen. Ima yūbinkyoku ni ikimasu.
Arturo: Watashi wa hachijihan ni ikimashita. Ima ocha o nomimasu.
Momoko: Ii desu ne!
Arturo: Ashita benkyō shimasu ka.
Momoko: Okke! Mata ashita!

Español

Lugar: cafetería, 8:30

Arturo: Disculpe, la cafetería ¿desde qué hora hasta qué hora está abierta?
Camarera: La cafetería está abierta desde las ocho de la mañana hasta las siete de la tarde.
Arturo: ¡Muchas gracias!

Lugar: biblioteca, 10:00

Momoko: ¡Oh! Hola, Arturo. ¿Estudias?
Arturo: Sí, estudio.
Momoko: ¿Qué estudias?
Arturo: Estudio japonés.
Momoko: ¿Quién es tu profesor de japonés?
Arturo: Es la profesora Ayumi.
Momoko: ¡Qué bien! ¡Ánimo!
Arturo: ¿Dónde está tu mochila?
Momoko: Hoy no estudio. Ahora voy a la oficina postal.
Arturo: Yo fui a las 8:30. Ahora me tomo un té.
Momoko: ¡Qué bien!
Arturo: ¿Estudiamos mañana?
Momoko: ¡Ok! ¡Hasta mañana!

漢字ファイト！・かんじファイト！

¡Pelea de kanjis!

Nº	Kanji	Lectura on	Lectura kun	Palabras
14	日 Día/sol (4)	にち、じつ	ひ、-び、-か	日本・にほん - Japón 日・ひ/にち - Día 日・ひ - Sol 日よう日・にちようび - Domingo 今日・きょう - Hoy
15	本 Libro/raíz/origen (5)	ほん	もと	本・ほん - Libro 山本・やまもと - Yamamoto 本日・ほんじつ - Hoy (formal)
16	母 Madre (5)	ぼ	はは、も	母・はは - (mi) Madre お母さん・おかあさん - Madre
17	父 Padre (4)	ふ	ちち	父・ちち - (mi) Padre お父さん・おとうさん - Padre
18	口 Boca (3)	こう、く	くち	口・くち - Boca 入口・いりぐち - Entrada 出口・でぐち - Salida 悪口・わるぐち - Insulto
19	目 Ojo (5)	もく	め	目・め - Ojo 目覚まし時計・めざましどけい - Reloj despertador
20	耳 Oreja (6)	じ	みみ	耳・みみ - Oreja
21	足 Pierna (7)	そく	あし、た	足・あし - Pierna Nº+足・そく - N.º de pares (p. ej.: zapatos) 足りる・たりる - Ser suficiente (verbo る)

漢字ファイト！・かんじファイト！

¡A practicar!

1. ¿Cómo se leen las siguientes palabras? Subraya la correcta:

a) 日よう日	1) にちようび	2) にちゆび	3) にちにちよ	4) ようにち
b) 目	1) ま	2) み	3) む	4) め
c) 父	1) ちち	2) ちいちい	3) ちょちょ	4) ちゃち
d) お母さん	1) おかさん	2) おかさ	3) おかあさん	4) おかうさん
e) 本	1) ほん	2) ふん	3) ひん	4) はん
f) 日本	1) にぽ	2) にほん	3) にほな	4) にはん

2. Escribe en hiragana los siguientes kanjis:

a) 山本 _____

b) 今日 _____

c) 出口 _____

d) 耳 _____

e) 足 _____

3. Traduce las siguientes frases al español y escribe los kanjis en hiragana:

a) 日よう日にきっさてんでコーヒーをのみます。
_____

b) お母さんはうちにかえりました。
_____

c) わたしの足です。
_____

d) 山本さんはぜんせいでした。
_____

Lectura y escritura

1. Lee el siguiente horario. / スケジュールをよんでください。

ようび	ごぜん七じはん	ごぜん十一じ	ごご二じ
げつようび	テレビをみる	えんぴつをかう	母のたんじょうび
かようび	おきる	こうこうにいく	うちにかえる
すいようび	こうこうにいく	ゲームする	日本ごをべんきょうする
もくようび	テレビをみる	みずをのむ	きっさてんでコーヒーをのむ
きんようび	おきる	ともだちのうち	日本ごをべんきょうする
どようび	テレビをみる	レストランにいく	日本ごをべんきょうする
日ようび	おきる	こうこうにいく	うちにかえる

Vocabulario extra:

ようび - Día de la semana
たんじょうび - Cumpleaños
ゲームする - Jugar juegos

2. Responde a las preguntas. しつもんにこたえてください。

a) きんようびのごぜん十一じになにをしますか。
_____

b) かようびのごご二じになにをしますか。
_____

c) 日ようびのごぜん七じになにをしますか。
_____

d) すいようびのごご二じになにをしますか。
_____

e) げつようびのごぜん十一じになにをしますか。
_____

書きと読み・かきとよみ

3. Escribe tu propia agenda. / じぶんのスケジュールをかいてください。

	HORA 1	HORA 2	HORA 3
ようび			
げつようび			
かようび			
すいようび			
もくようび			
きんようび			
どようび			
日ようび			

¿Una ayudita?

つかう - Usar
アニメ - Anime
コーラ - Bebida de cola

Examen

1. Traduce las siguientes palabras al español:

a) 足りる　_____

b) 本　_____

c) 日本　_____

d) 足　_____

2. Traduce las siguientes palabras al japonés:

a) Biblioteca　_____

b) Cafetería　_____

c) Tienda 24 h　_____

d) Librería　_____

3. ¿Qué conjugación es esta?:

a) ねました　_____

b) はなしました　_____

c) たべませんでした　_____

d) いきません　_____

4. Conjuga los siguientes verbos en sus cuatro formas:

a) おきる　_____

b) する　_____

c) かえる　_____

d) くる　_____

5. Escribe el auxiliar です en sus diferentes formas:

a) Presente afirmativo

_____

b) Pasado afirmativo

_____

テスト

c) Pasado negativo

d) Presente negativo

6. Escribe las siguientes preguntas en japonés:

a) ¿Dónde está Pepa?

b) ¿Cuánto cuesta la bolsa?

c) ¿Quién es Momoko?

d) ¿Cuándo es la fiesta?

e) ¿Qué es Japón?

7. Traduce las siguientes frases:

a) El estudiante de segundo año es Gonzalo.

b) El amigo de mi madre es indonesio.

c) Estudié japonés el jueves a las 12:50.

d) Desde España hasta Japón son 10 642 kilómetros (キロ).

e) Es el restaurante del amigo de mi padre.

f) La goma de borrar no es mía.

g) Josefa no bebe té en la cafetería a las 13:40.

TEMA 3
¿Dónde está la profesora?

第三課
先生はどこですか

VOCABULARIO

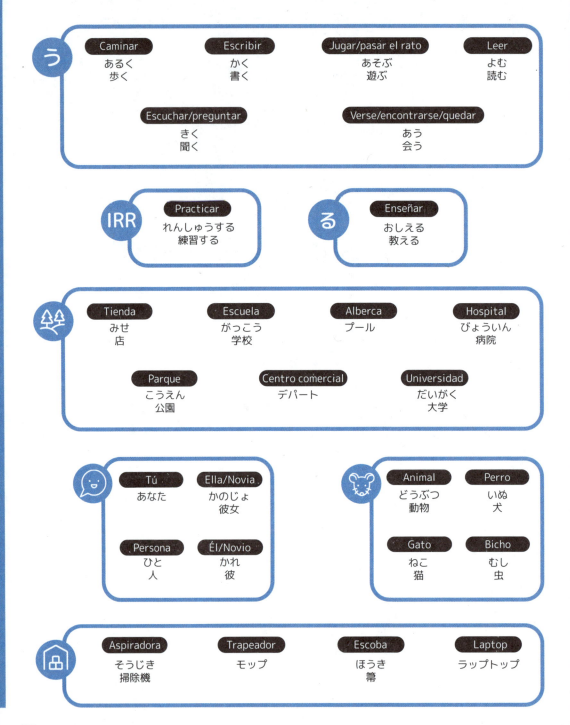

単語・たんご

「生活（せいかつ）」 Estilo de vida

あさごはん	朝ごはん	Desayuno
ひるごはん	昼ごはん	Comida
ばんごはん	晩ごはん	Cena
いま	今	Ahora
まいにち	毎日	Todos los días

日	おととい 一昨日 Anteayer	きのう 昨日 Ayer	きょう 今日 Hoy	あした 明日 Mañana	あさって 明後日 Pasado mañana
週	にしゅうかんまえ 二週間前 Hace 2 semanas	せんしゅう 先週 Semana pasada	こんしゅう 今週 Esta semana	らいしゅう 来週 Semana próxima	さらいしゅう 再来週 Dentro de 2 semanas
月	にかげつまえ 二か月前 Hace 2 meses	せんげつ 先月 Mes pasado	こんげつ 今月 Este mes	らいげつ 来月 Mes próximo	さらいげつ 再来月 Dentro de 2 meses
年	にねんまえ 二年前 Hace 2 años	きょねん 去年 Año pasado	ことし 今年 Este año	らいねん 来年 El año próximo	さらいねん 再来年 Dentro de 2 años

「あいさつとひょうげん」 Saludos y expresiones

いただきます	«¡Provecho!». Esta expresión tiene un uso diferente al español. La diremos exclusivamente para nosotros mismos, no cuando veamos a alguien comer.
ごちそうさまでした	«Fue una comida deliciosa». Esta es la expresión final cuando terminamos de comer para dar gracias por la comida.
はじめまして	«Encantado de conocerte».

LA GRAMÁTICA DE HOY

1. Partículas

Las partículas, como ya lo comprobaste, son los pilares de la estructuración del idioma. Sé que ya viste varias en el tema anterior, pero vamos a dar un último empujón para aprender tres más.

- も

Esta partícula tiene un significado fijo, ya que significará «también» si el verbo está en afirmativo y «tampoco» si el verbo está en negativo.

- Si «también/tampoco» tuviera que ir con la partícula は/が/を, sustituiremos dicha partícula por も.

Ejemplos:

    わたしは日本じんです。マリアさんも日本じんです。
    Yo soy japonesa. María también es japonesa.
    みずをのみません。おちゃものみません。
    No bebo agua. Tampoco bebo té.

- Si «también/tampoco» tuviera que ir con las partículas に/で, UNIREMOS ambas partículas.

Ejemplos:

    ドイツにいきます。スペインにもいきます。
    Voy a Alemania. Voy a España también.
    うちでべんきょうします。としょかんでもべんきょうします。
    Estudio en casa. Estudio también en la biblioteca.

- と

Esta partícula puede tener dos significados: y/con

- «Y» implica una enumeración cerrada de cosas.

Ejemplo:

    わたしとマリアさんはイタリアじんです。
    María y yo somos italianas.

- «CON» marca la persona con la cual hacemos la acción.

Ejemplo:

    わたしはお母さんときっさてんにいきました。
    Fui con mi madre a la cafetería.

- や

Al contrario que la partícula と, indica que la enumeración es abierta, es decir, no se está enumerando todo lo que hay. Suele usarse con la palabra «など» junto al último elemento, antes de la partícula que corresponda. Significa «entre otros».

今日の文法・きょうのぶんぽう

Ejemplo:
    おちゃや、みずや、ミルクなどをのみます。
    Bebo té, agua, leche... entre otras cosas.

2. ¿Dónde está?

Para facilitar el aprendizaje de los pronombres y adjetivos demostrativos, así como los adverbios de lugar, usaremos el conocido «こそあど», una palabra que nos sirve para saber de qué distancia estamos hablando o si es el interrogativo.

こ - Cerca

そ - Media distancia

あ - Más lejano

ど - Interrogativo

■ **Pronombres demostrativos - こそあど + れ**

Los pronombres demostrativos no llevan nunca un sustantivo junto a ellos.

Este - これ	これはわたしのねこです。
	Este es mi gato.
Ese - それ	それはピラルさんのいぬです。
	Ese es el perro de Pilar.
Aquel - あれ	あれはせんせいのだいがくです。
	Aquella es la universidad del profesor.
Cuál - どれ	どれがせんせいのだいがくですか。
	¿Cuál es la universidad del profesor?

■ **Adjetivos demostrativos - こそあど + の**

Este + sustantivo - この	このねこはわたしの(ねこ)です。
	Este gato es mi gato.
Ese + sustantivo - その	そのいぬはピラルさんの(いぬ)です。
	Ese perro es el perro de Pilar.
Aquel + sustantivo - あの	あのだいがくはせんせいの(だいがく)です。
	Aquella universidad es la universidad del profesor.
Cuál + sustantivo - どの	どのだいがくがせんせいの(だいがく)ですか。
	¿Cuál es la universidad del profesor?

*Los paréntesis indican las palabras que pueden omitirse para no repetirlas.

LA GRAMÁTICA DE HOY

■ **Adverbios de lugar - こそあど + こ**

Aquí - ここ　　　　　　としょかんはここです。
　　　　　　　　　　　La biblioteca está aquí.

Ahí - そこ　　　　　　たなかさんのうちはそこです。
　　　　　　　　　　　La casa de Tanaka está ahí.

Allí - あそこ　　　　　こうえんはあそこです。
　　　　　　　　　　　El parque está allí.

Dónde - どこ　　　　　こうえんはどこですか。
　　　　　　　　　　　¿Dónde está el parque?

■ **Posiciones**

Para expresar la posición de un objeto tendremos que usar la siguiente estructura:

> Lugar de referencia + の + posición
> Excepción: AとBのあいだ (entre A y B)

Por ejemplo, si en español decimos «encima de la mesa», la mesa sería el lugar de referencia, y «encima», la posición. Aquí tienes una lista de posiciones y unos espacios para que pruebes a crear posiciones.

Encima うえ	_____	Debajo した	_____
Detrás うしろ	_____	Delante まえ	_____
Dentro なか	_____	Al lado となり	_____
Derecha みぎ	_____	Izq. ひだり	_____
Cerca ちかく/そば	_____	Entre あいだ	_____

3. Verbos ある/いる: verbos tener/haber

ある y いる tienen el mismo significado y la misma estructura, pero se usan con sujetos diferentes.

> (TIEMPO に +) PERSONA/ANIMAL + が (+ LUGAR に) + いる
>
> (TIEMPO に +) OBJETO/PLANTA + が (+ LUGAR に) + ある

Los seres vivos (menos las plantas) usan el verbo いる (verbo る), mientras que los objetos inanimados usan ある (verbo う).

今日の文法・きょうのぶんぽう

Sobre la partícula が en esta estructura, hay que decir que algunos verbos exigen una partícula concreta para su uso, y este es uno de esos casos, ya que estos dos verbos requieren que lo que se posee se marque con が en lugar de は. Como extra, el lugar donde se tiene/donde está irá con la partícula に y el tiempo podrá aparecer indicado al inicio de frase, también con に. En español a veces se puede traducir como «estar»:

Ejemplo:

どようびにあそこにフェルナンドがいませんでした。

No estaba Fernando ahí el sábado.

*Ten en cuenta que el lugar podrá ir antes o después del objeto/ser vivo.

Ejemplos:

どようびにくるまがあそこにありました。

Estaba allí el coche el sábado.

どようびにあそこにくるまがありました。

Estaba el coche allí el sábado.

4. Adverbios

Esta categoría de palabra nos ayudará a darles más flexibilidad a los verbos, ya que podremos darles matices de cantidad, frecuencia, etc. En los siguientes temas veremos otros adverbios que modificarán a los adjetivos. Los adverbios pueden posicionarse en varios lugares dentro de la frase, pero la recomendación para principiantes es colocarlos antes del verbo para así no equivocarte y poder traducir mejor. Veamos los más básicos.

- **いつも siempre**

げつようびにきっさてんへいつもいきます。

Voy siempre a la cafetería los lunes.

- **たいてい casi siempre/frecuentemente/normalmente**

きんようびにたいていべんきょうしました 。

Los viernes normalmente estudiaba.

- **よく mucho (frecuencia)**

あのこうえんによくいきます。

Voy mucho a aquel parque.

- **あまり + negativo, casi nada/apenas**

うちでテレビをあまりみません 。

Apenas veo la televisión en casa.

LA GRAMÁTICA DE HOY

- ぜんぜん + negativo, nada de nada

せんげつコーヒーをぜんぜんのみませんでした。
No bebí nada de café el mes pasado.

- たくさん mucho (cantidad)

いま、だいがくでたくさんべんきょうします。
Ahora estudio mucho en la universidad.

- ちょっと un poco/un rato

きのう、いぬとちょっとあるきました。
Ayer caminé un poco con el perro.

- はじめて por primera vez

あした、びょういんへはじめていきます。
Mañana voy por primera vez al hospital.

- ときどき（時々）a veces

五がつにプールにときどきいきます。
Voy a veces a la alberca en mayo.

今日の文法・きょうのぶんぽう

Completa la siguiente tabla de verbos con las cuatro formas largas. Escribe debajo una frase con cada verbo.

FORMA CORTA	PRES. AFIRM.	PRES. NEGATIVO	PAS. AFIRM.	PAS. NEGATIVO
あるく				
くる				
おしえる				
する				
あう				
れんしゅうする				
かく				
ねる				
いく				
よむ				
あそぶ				
かえる				
きく				

¡A PRACTICAR!

1. Traduce las siguientes frases al japonés:

a) La semana que viene jugaré en el parque con mi amiga.

b) Todos los días estudio francés con Javier.

c) Hay un perro encima de la silla. También hay un gato.

d) Me veo mucho con José María en la escuela.

e) Siempre leo libros de japonés en mi casa.

f) ¿Dónde está mi estuche?

g) Fernando es aquella persona.

2. Traduce las siguientes frases al español:

a) あさって、かのじょとみせにいきます。

b) せんせいにききませんでした。すみません。

c) わたしはだいがくでえいごをおしえます。

d) きのうれんしゅうしましたか。

e) お父さんはテレビをあまりみません。

f) ホルヘさんのえんぴつはどれですか。

g) きょねんフランスごをぜんぜんれんしゅうしませんでした。

練習！練習！・れんしゅう！れんしゅう！

3. Responde a las preguntas:

a) テーブルのうえに、なにがありますか。
___

b) あなたのみぎに、なにがありますか。
___

c) うちのなかに、だれがいますか。
___

d) らいしゅう、だれにあいますか。
___

e) いつ日本ごをれんしゅうしますか。
___

4. Escribe la partícula en los espacios:

a) かようび _____ としょかん _____ いきました。

b) わたし _____ ともだち _____ きっさてん _____ あいます。

c) これ _____ あります。

d) わたしはあさごはん _____ あまりたべません。

e) どようび _____ 日ようび _____ だいがく _____ いきません。

5. Crea una frase con estos adverbios:

a) いつも
___

b) たいてい
___

c) よく
___

d) あまり
___

e) はじめて
___

聞き取り・ききとり

Comprensión auditiva

1. Escucha las siguientes palabras y escríbelas:

a) _____

b) _____

c) _____

d) _____

e) _____

2. Escucha las siguientes frases y escríbelas:

a) _____

b) _____

c) _____

d) _____

e) _____

3. Escucha el audio y responde a las preguntas:

a) _____

b) _____

c) _____

d) _____

e) _____

4. Elige la opción correcta:

a) 1. 2. 3. 4.
b) 1. 2. 3. 4.
c) 1. 2. 3. 4.
d) 1. 2. 3. 4.
e) 1. 2. 3. 4.

日本文化・にほんぶんか

Cultura japonesa

雛祭り/子供の日 (ひなまつり/こどものひ)
Festival de las Muñecas / Día de los Niños

En Japón encontramos dos festividades dedicadas especialmente a los más peques de la casa. El Festival de las Muñecas (ひなまつり), también llamado Día de las Niñas, se celebra cada 3 de marzo. Las familias desempolvan sus colecciones de muñecas, como las de la imagen, y colocan en sus casas una estructura de pisos, cubierta por una tela roja, donde se van posicionando ciertas muñecas según su función. En nuestra ilustración encontramos a las dos muñecas que coronan siempre esta celebración: la pareja imperial. Los más tradicionales poseerán muñecas heredadas desde hace generaciones, otros comenzarán sus propias colecciones y otros, por supuesto, no seguirán esta festividad. Sin embargo, las tiendas y marcas aprovechan sin duda esta fecha, por lo que te encontrarás por el país infinidad de promociones relacionadas con la inminente primavera, las muñecas y la Corte Imperial de Heian en la que están basadas.

En cuanto al Día de los Niños (こどものひ), no está exclusivamente dedicado a los niños, como puede ser el anterior caso con las niñas, sino que busca la felicidad para «los peques en general». El 5 de mayo se celebra este colorido día en el que puede verse una decoración de carpas de tela muy alegres que llenan todos los escaparates, las casas y las escuelas del país.

Diálogo

アルテゥーロさんは喫茶店で勉強します。

デレック：アルテゥーロさん！先生に会いましたか。

アルテゥーロ：ううん、昨日から先生をぜんぜん見ませんでした。

デレック：ほんとう？あ。。。先生はどこですか。

アルテゥーロ：でも、ことぶき先生ですか。

デレック：はい！ことぶき先生がいません！

アルテゥーロ：えっと。。。ことぶき先生は大学と高校の先生です。多分、大学にいます。

デレック：そうですか。いいえ、いいえ。。。ここにいます。

せんせいがきます。

せんせい：デレックさん？今日はれんしゅうの日です！

デレック：よかった！！先生！

せんせい：何ですか。

デレック：新しいマンガを買いました！

せんせい：ほんとうですか！すごい！えっと。。。デレックさん、ここは学校ですから、マンガを読みません。。。後で、読みます。

Vocabulario extra:

ううん - No
ほんとう - En serio
えっと - Mmm...
多分・たぶん - Quizá
そうですか - ¿Ah, sí?
よかった - Qué bien
新しい・あたらしい - Nuevo
すごい - Impresionante
マンガ - Manga/cómic
後・あとで - Después

会話・かいわ

Español

Arturo estudia en la cafetería.

Derek: ¡Arturo! ¿Te encontraste con la profesora?
Arturo: No, no la he visto nada de nada desde ayer.
Derek: ¿En serio...? ¿Dónde está la profesora?
Arturo: Pero ¿la profesora Kotobuki?
Derek: ¡Sí! ¡La profesora Kotobuki no está!
Arturo: Mmm... La profesora Kotobuki es profesora de bachillerato y universidad. Quizá está en la universidad.
Derek: ¿En serio? No, no... Está aquí.

Viene la profesora.

Profesora: ¿Derek? ¡Hoy es día de práctica!
Derek: ¡Qué bien! ¡Profesora!
Profesora: ¿Qué?
Derek: ¡COMPRÉ EL NUEVO MANGA!
Profesora: ¿EN SERIO? ¡IMPRESIONANTE! Este... mmm... Derek, como esto es una escuela, no leo manga... Luego lo leo.

漢字ファイト！・かんじファイト！

¡Pelea de kanjis!

Nº	Kanji	Lectura on	Lectura kun	Palabras
22	月 Luna/mes (4)	げつ、がつ	つき	先月・せんげつ - Mes pasado お正月・おしょうがつ - Año nuevo 月よう日・げつようび - Lunes 来月・らいげつ - Mes próximo 月・つき - Luna
23	火 Fuego (4)	か	ひ	火よう日・かようび - Martes 火・ひ - Fuego 火事・かじ Incendio 火山・かざん - Volcán 花火・はなび - Fuegos artificiales
24	水 Agua (4)	すい	みず	水よう日・すいようび - Miércoles 水・みず) Agua
25	木 Árbol (4)	もく	き	木よう日・もくようび - Jueves 木・き - Árbol
26	金 Oro, dinero (8)	きん	かね	金よう日・きんようび - Viernes お金・おかね - Dinero
27	土 Tierra (3)	ど、と	つち	土よう日・どようび - Sábado 土・つち - Tierra
28	人 Persona (2)	じん、にん	ひと	人・ひと - Persona 一人・ひとり - Una persona 二人・ふたり - Dos personas 外国人・がいこくじん - Extranjero 大人・おとな - Adulto
29	手 (mano) (4)	しゅ	て、た	手・て - Mano 切手・きって - Sello postal 空手・からて - Karate 上手・じょうず - Habilidoso 下手・へた - Inútil

漢字ファイト！・かんじファイト！

¡A practicar!

1. ¿Cómo se leen las siguientes palabras? Subraya la correcta:

a) 木よう日	1) もくようび	2) もくょび	3) もくょうび	4) もくよび
b) 来月	1) ちいげつ	2) ちいげつ	3) らりけつ	4) らいげつ
c) お金	1) おがね	2) おかね	3) おがれ	4) おかわ
d) 今日	1) きょ	2) きょう	3) きう	4) ぎょう
e) 下手	1) くた	2) へだ	3) きだ	4) へた
f) 二人	1) ぶたり	2) ふだり	3) ふたり	4) ぶたり

2. Escribe en hiragana los siguientes kanjis:

a) 一人 _____

b) お父さん _____

c) 九月 _____

d) 大人 _____

e) 足 _____

3. Traduce las siguientes frases al español y escribe los kanjis en hiragana:

a) 土よう日にお母さんとパスタを食(た)べます。
_____

b) 本で日本ごを練習(れんしゅう)しました。
_____

c) 足で歩(ある)きます。
_____

d) パーティーで水とお茶(ちゃ)を飲(の)みませんでした。
_____

e) 月よう日一人でうちに来(き)ました。
_____

Lectura y escritura

1. Lee el siguiente texto. テキストをよんでください。

こんにちは！私の名前はももこです。これは私の毎日です。
月よう日から金よう日まで七時におきます。朝ご飯を毎日食べます。パンとミルクです。学校は八時半から二時半までです。その時にうちに帰ります。三時に昼ご飯を食べます。五時に一人で勉強します。六時にお父さんとお茶を飲みます。よく話します。九時に彼女と電話で話します。九時半にお母さんとお父さんと晩ご飯を食べます。
週末、友だちと彼女とパーティーにたいてい行きます。日よう日に六時ごろにいっしょに喫茶店でコーヒーを飲みます。
いつも十二時に寝ます。

Vocabulario extra:

一人で - Solo
いっしょに - Juntos
しゅうまつ - Fin de semana

2. Responde a las preguntas. しつもんにこたえてください。

a) 名前は何ですか。
_____

b) まいあさ、何をたべますか。
_____

c) 学校は何時から何時までですか。
_____

d) 六時にだれと話しますか。
_____

e) 日よう日は何をしますか。
_____

書きと読み・かきとよみ

3. Escribe tu propia redacción. じぶんのぶんしょうをかいてください。

_____
_____
_____
_____
_____
_____
_____
_____
_____

¿Una ayudita?

テニスする - Jugar tenis
ゲームする - Jugar videojuegos
はたらく - Trabajar

Examen

1. Traduce las siguientes palabras al español:

a) みせ _____

b) こうえん _____

c) ほうき _____

d) モップ _____

2. Traduce las siguientes palabras al japonés:

a) Laptop _____

b) Universidad _____

c) Enseñar _____

d) Piscina _____

3. ¿Qué conjugación es esta?:

a) おしえました _____

b) あいませんでした _____

c) あそびます _____

d) ききました _____

4. Conjuga los siguientes verbos en sus cuatro formas:

a) れんしゅうする _____

b) あるく _____

c) くる _____

d) みる _____

5. Completa y traduce las siguientes frases:

a) まい日、日本ご（ ）れんしゅうします。

_____

b) きのう（ ）月よう日でした。

_____

テスト

c) あさごはん（　）たべます。

d) かのじょ（　）ききます。

6. Escribe las siguientes frases en japonés:

a) Yo bebí agua.

b) Él comió comida.

c) Voy con frecuencia a ese restaurante.

d) Delante de la tienda hay un perro.

e) Debajo de la mesa hay una escoba.

7. Traduce las siguientes frases:

a) プールであいます。

b) そうじきはどこですか。

c) ペーターポールーさんのラップトップはどれですか。

d) ダニエラさんがこうえんのなかにいます。

e) ラファさんはアントニオさんとデパートへいきました。

f) いしわたさんはあさごはんをあまりたべません。

g) ここのちかくにだいがくがあります。

TEMA 4
Fiesta de estudio

第四課
勉強のパーティー

VOCABULARIO

ADJETIVOS
形容詞 (けいようし)

あたたかい	温かい	templado (clima)
あたらしい	新しい	nuevo
あつい	暑い	caluroso
いい		bien/bueno
いそがしい	忙しい	ocupado
うるさい		ruidoso
にぎやか(な)		bullicioso
おいしい	美味しい	delicioso
おおきい	大きい	grande
たかい	高い	alto
たかい	高い	caro
たのしい	楽しい	divertido
おもしろい		interesante/divertido
みじかい	短い	corto
むずかしい	難しい	difícil
すき(な)	好き	gustar
だいすき(な)	大好き	encantar
じょうず(な)	上手	habilidoso

きれい(な)		limpio/bonito
すずしい	涼しい	fresco (clima)
ふるい	古い	viejo
さむい	寒い	frío
わるい	悪い	malo
ひま(な)	暇	libre/desocupado
しずか(な)	静か	callado/tranquilo
まずい	不味い	asqueroso
ちいさい	小さい	pequeño
ひくい	低い	bajo
やすい	安い	barato
つまらない		aburrido
ながい	長い	largo
やさしい	優しい	fácil/amable
きらい(な)		disgustar
だいきらい(な)	大きらい	odiar
へた(な)	下手	inútil
きたない	汚い	sucio

かわいい		adorable
げんき(な)	元気	en forma/sano/estar bien
いろいろ(な)		variado
ゆうめい(な)	有名	famoso/conocido

単語・たんご

家 - いえ - CASA

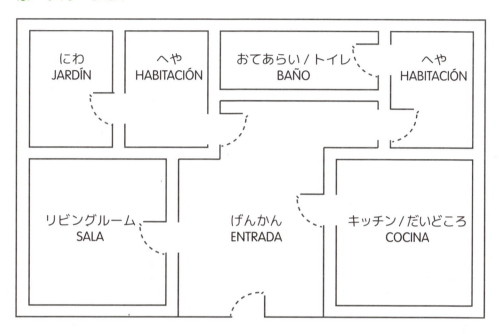

にわ	庭	jardín
へや	部屋	habitación
おてあらい	お手洗い	baño
トイレ		baño
リビングルーム		sala
げんかん	玄関	entrada/pasillo
だいどころ	台所	cocina
キッチン		cocina
かいだん		escaleras
まど	窓	ventana
かぎ		llaves
かがみ		espejo
ソファ		sofá
れいぞうこ	冷蔵庫	refrigerador

LA GRAMÁTICA DE HOY

1. Invitaciones

Ahora que estamos familiarizados con los verbos, vamos a aprender a cambiar esos sufijos de tiempo (ます・ません) para expresar, en este caso, la intención de invitar. Antes que nada, localicemos la raíz del verbo. Dicha raíz se consigue quitando «ます» a su presente afirmativo.

たべる	→	たべます	→	たべ
のむ	→	のみます	→	のみ
する	→	します	→	し
くる	→	きます	→	き

Una vez localizada la raíz, podemos añadir los siguientes sufijos para crear tres tipos de invitaciones: una exclamativa y dos interrogativas.

raíz + ましょう

いっしょにいきましょう！ - ¡Vamos juntos!

raíz + ましょうか

いっしょにいきましょうか - ¿Vamos juntos?

raíz + ませんか

いっしょにいきませんか - ¿Por qué no vamos juntos?

En este último caso puede haber ambigüedad, ya que podría darse el caso en el que tengamos que preguntar el porqué de algo. No te preocupes, la invitación y la duda serán casos bastantes diferentes y el contexto siempre te dará toda la información que necesites.

Ejemplos:

きっさてんで水をのみましょう。
¡Bebamos agua en la cafetería!

きっさてんで水をのみましょうか。
¿Bebemos agua en la cafetería?

きっさてんで水をのみませんか。
¿Por qué no bebemos agua en la cafetería?

今日の文法・きょうのぶんぽう

2. Adjetivos

Los adjetivos modifican a los sustantivos, y en japonés tenemos 2 tipos de adjetivos: los tipo «い» y los tipo «な». Ten en cuenta que el adjetivo siempre va ANTES del sustantivo.

■ Tipo い

Estos adjetivos siempre terminarán en la vocal «い», ya que es la que usaremos para conjugarlo. Si ves estas palabras escritas con kanji, siempre verás esa «い» fuera del mismo.

さむい	+	-
PRESENTE	さむい	さむくない
PASADO	さむかった	さむくなかった

Ejemplo:

今日はさむい火よう日です。月よう日はさむくなかったです。

Hoy es un martes frío. El lunes no fue frío.

Recuerda poner «です» después del adjetivo a final de frase, ya que necesitamos este auxiliar para que la frase sea formal. Si lo quitáramos, la frase no perdería sentido, pero sí educación.

*Irregular

Decimos que el adjetivo «いい» es irregular porque solo mantendrá la primera «い» en presente afirmativo. En cualquier otra conjugación se cambiará por «よ». La segunda «い» es la que se conjuga, por lo que será igual que con los anteriores.

いい	+	-
PRESENTE	いい	よくない
PASADO	よかった	よくなかった

Ejemplo:

きのうのテストはよかったですか。

¿Te fue bien en el examen de ayer?

■ Tipo な

El nombre de «tipo な» no se debe a que terminen en dicha sílaba como en el caso anterior, sino que necesitan esa sílaba como auxiliar si a continuación llevan un sustantivo.

Adjetivo «な» + です - わたしはしずかです。 - Yo soy callada.
Adjetivo «な» + な + sustantivo - わたしはしずかな人です。 - Yo soy una persona callada.

Existen algunos adjetivos que terminan en «い», pero que son tipo «な». Los más conocidos, y los que entrarán en el examen, son: きれい・きらい・ゆうめい. Los puedes encontrar en el vocabulario de este tema.

LA GRAMÁTICA DE HOY

La conjugación de estos adjetivos es más simple, ya que no cambiará ni una sola sílaba. El auxiliar «です» será el que se conjugue como ya conocemos.

ひま	+	-
PRESENTE	ひまです	ひまじゃないです
PASADO	ひまでした	ひまじゃなかったです

Prueba modular la intensidad de los adjetivos con estos adverbios:

ちょっと - Un poco

とても - Mucho

すごく - Súper

Ejemplos:

今日はちょっとさむいです。
Hoy hace un poco de frío.

このげんかんはとてもきれいです。
Esta entrada es muy bonita.

わたしのあたらしいだいがくはすごくおもしろいです。
Mi nueva universidad es superinteresante.

3. ¡Voy a comer pasta!

Continuamos con algunas estructuras que podrían combinarse con el primer punto de este tema, ya que vamos a aprender a decir «ir/venir/volver a X lugar para hacer X cosa».

> PERSONA は + LUGAR に/へ + OBJETO を + VERBO EN RAÍZ + に + いく

Ejemplo:

ホセさんはイタリアにパスタをたべにいきました。
José fue a comer pasta a Italia.

> PERSONA は + LUGAR に/へ + OBJETO を + VERBO EN RAÍZ + に + くる

Ejemplo:

ホセさんはイタリアにパスタをたべにきました。
José vino a comer pasta a Italia.

今日の文法・きょうのぶんぽう

> PERSONA は + LUGAR に/へ + OBJETO を + VERBO EN RAÍZ + に + かえる

Ejemplo:

　　　ホセさんはイタリアにパスタをたべにかえりました。

　　　José regresó a comer pasta a Italia.

Cuando el verbo que tenemos que poner en raíz sea un derivado de する, como puede ser べんきょうします, su raíz sería solo し, por lo tanto está aceptada su eliminación, ya que se entiende perfectamente.

Ejemplo:

　　　マリアさんのうちにべんきょうにいきます。

　　　Voy a ir a casa de María a estudiar.

¡A PRACTICAR!

1. Traduce las siguientes frases al japonés:

a) ¿Por qué no vamos a beber cerveza deliciosa al restaurante?
_____

b) ¡Vamos a la vieja librería juntos!
_____

c) Leo un libro nuevo cada noche en la cama.
_____

d) Voy a ir a comer a restaurantes variados.
_____

e) Vanesa es una persona habilidosa.
_____

f) ¡Ese reloj es muy caro!
_____

g) Momoko es extremadamente adorable. Además, es muy amable.
_____

h) Como mi casa es muy ruidosa, vengo a estudiar a la biblioteca. Es muy silenciosa.
_____

i) Mi novia está ocupada. Mañana tiene un examen muy difícil.
_____

j) Cada semana me doy un baño.
_____

2. Traduce las siguientes frases al español:

a) あなたのパソコンはどれですか。
_____

b) 四月にわたしはドイツにりょこうしました。
_____

c) まい日ミゲルさんはピアノをれんしゅうしません。
_____

d) 木よう日にひまでしたから、おおきいこうえんにいきました。
_____

練習！練習！・れんしゅう！れんしゅう！

e) すみません、これをわすれました。

f) ホセファのたんじょうびですから、たのしいパーティーをしましょう。

g) バルセロナはさむいですか。あついですか。

h) にわのいりぐちでくつをわすれました。

i) お母さんは日本ごができません。

3. Haz una frase con los siguientes temas:

a) 今日は

b) テストは

c) くるまは

d) ノート は

e) たべものは

f) くつは

4. Crea una frase con estas estructuras:

a) PERSONA は + LUGAR に/へ + OBJETO を + VERBO EN RAÍZ + に + いく

b) HERRAMIENTA で + VERBO

c) PERSONA は + LUGAR に/へ + OBJETO を + VERBO EN RAÍZ + に + かえる

d) PERSONA は + PERSONA と + LUGAR で + OBJETO を + VERBO

e) TIEMPO に + PERSONA と + LUGAR に/へ + VERBO

f) PERSONA は + LUGAR に/へ + OBJETO を + VERBO EN RAÍZ + に + くる

聞き取り・ききとり

Comprensión auditiva

1. Escucha las siguientes palabras y escríbelas:

a) _____

b) _____

c) _____

d) _____

e) _____

2. Escucha las siguientes frases y escríbelas:

a) _____

b) _____

c) _____

d) _____

e) _____

3. Escucha el audio y responde a las preguntas:

a) _____

b) _____

c) _____

d) _____

e) _____

4. Elige la opción correcta:

a)	1.	2.	3.	4.
b)	1.	2.	3.	4.
c)	1.	2.	3.	4.
d)	1.	2.	3.	4.
e)	1.	2.	3.	4.

日本文化・にほんぶんか

Cultura japonesa

Festividades japonesas

En el tema anterior hablamos de los festivos dedicados a los peques, y en este hablaremos de otras festividades en las que ya se incluye a los que somos un poco más grandes.

Golden Week: La semana esperada por cualquier japonés. Del 29 de abril al 5 de mayo, los japoneses gozan de su periodo vacacional más largo: trabajadores sin ir al trabajo, estudiantes sin ir a la escuela... El turismo «hace su agosto» en pleno mayo debido a un encadenamiento de festividades: 29 de abril, Día de Shōwa (cuyo origen es el cumpleaños de dicho emperador); 3 de mayo, Día de la Constitución; 4 de mayo, Día del Verdor (en honor a la naturaleza); 5 de mayo, Día de los Niños. Si tienes suerte, estos días pueden alargarse por vacaciones personales, fines de semana que coincidan, etc. En resumen, ¡reserva con antelación si tienes planeado viajar por Japón en estos días!

Hanami: Todo un canto a las flores de cerezo o さくら(桜). El pronóstico del tiempo, a finales de febrero, ya comienza a dedicarse al... PRONÓSTICO FLORAL. En los medios de comunicación se habla sobre cuándo empezará la floración de los cerezos, un momento de belleza rosa que se celebra con reuniones bajo sus ramas en parques y cualquier espacio público donde haya árboles de este tipo. Comida, bebida, amigos, juegos y risas. Toda una experiencia que es muy necesaria vivir al menos una vez en la vida.

Diálogo

あゆみ先生は話しています。
せんせい　はな

せんせい：じゃあ、みなさん！明日みじかいテストがありますから、頑張ってね！
　　　　　　　　　　　　　　あした　　　　　　　　　　　　　　　　　がんば
みんな：はい！

デレックさんとももこさんとアルトゥーロさんは話しています。

デレック：テストが大好きです！
　　　　　　　　　だいす
アルトゥーロ：ほんとうですか。私はテストが大きらいです。私の日本語が上手じゃあり
　　　　　　　　　　　　　　　　　わたし　　　　だい　　　　　　　わたし　ご　　じょうず
ませんから、難しいです。
　　　　　　むずか
ももこ：頑張って、アルトゥーロさん！今日、アルトゥーロさんのうちに勉強に行きませ
　　　　　　がんば　　　　　　　　　　　　きょう　　　　　　　　　　　　　　　　べんきょう　い
んか。
アルトゥーロ：えっ！私のうち？えっと。。。オッケーです。
デレック：じゃ！パーティー！
ももこ：勉強のパーティーです。
　　　　　　べんきょう
デレック：はい！もちろん。。。五時に会いましょう！
　　　　　　　　　　　　　　　　　　　　じ　あ

ももこさんとデレックさんがアルトゥーロのうちに着きます。
　　　　　　　　　　　　　　　　　　　　　　　　　　　　つ
ももこ：アルトゥーロさんのうちはすごく大きいですよ！
　　　　　　　　　　　　　　　　　　　　　　だい
デレック：そして、とてもきれいなうちです！行きましょうか。
　　　　　　　　　　　　　　　　　　　　　　　い
アルトゥーロ：はい、どうぞ。
ももこ・デレック：おじゃまします～～
お母さん：アルトゥーロさんの友だちですね！こんにちは！お茶を飲みますか。
　　　　　　　　　　　　　　　　　とも　　　　　　　　　　　　　　ちゃ　の
ももこ・デレック：はい、ありがとう！
アルトゥーロ：ここはげんかんです。あそこに台所とお手洗いがあります。ここの上に私の
　　　　　　　　　　　　　　　　　　　　　　　　　だいどころ　てあら　　　　　　　　　　　　　　わたし
部屋とお母さんの部屋があります。
へや
ももこ：にわもありますか。
アルトゥーロ：いいえ、ありません。でもうちの近くに大きい公園があります。その公園が
　　　　　　　　　　　　　　　　　　　　　　　　ちか　　　　　こうえん　　　　　　　　　　
好きです！
す
デレック：かいだんがたくさんありますね。。。
アルトゥーロ：頑張って！はははは！
　　　　　　　　　がんば

会話・かいわ

Español

La profesora Ayumi está hablando.

Profesora: ¡Bueno, chicos! Como hay un examen corto mañana, ¡ánimo!
Todos: ¡Sí!

Derek, Momoko y Arturo están hablando.

Derek: ¡Adoro los exámenes!
Arturo: ¿En serio? Yo odio mucho los exámenes. Como mi japonés no es bueno, son difíciles.
Momoko: ¡Ánimo, Arturo! ¿Por qué no nos vamos a estudiar a casa de Arturo hoy?
Arturo: ¡Eh! ¿A mi casa? Mmm... Bueno.
Derek: ¡Vamos, fiesta!
Momoko: Es una fiesta de estudio.
Derek: ¡Sí! Claro... ¡Nos vemos a las 17 h!

Momoko y Derek llegan a la casa de Arturo.

Momoko: ¡La casa de Arturo es supergrande!
Derek: Además, ¡es una casa muy bonita! ¿Vamos?
Arturo: Sí, adelante.
Momoko y Arturo: ¡Con permiso!
Madre: ¡Son los amigos de Arturo! ¡Hola! ¿Beben té?
Momoko y Derek: ¡Sí, gracias!
Arturo: Aquí está la entrada. Allí está la cocina y el baño. Encima de esto está mi habitación y la habitación de mi madre.
Momoko: ¿Hay jardín también?
Arturo: No hay. Pero cerca de casa hay un parque grande. Me gusta ese parque.
Derek: Hay muchas escaleras...
Arturo: ¡Ánimo! Ja, ja, ja.

Vocabulario extra:

じゃあ - Bueno
ね - ¿No? ¿Verdad? «!»
もちろん - Por supuesto
着く・つく - Llegar
よ - Aporta énfasis

おじゃまします - Expresión al entrar en casas ajenas
どうぞ - Toma/adelante

漢字ファイト！・かんじファイト！

¡Pelea de kanjis!

Nº	Kanji	Lectura on	Lectura kun	Palabras
30	先 Previo (6)	せん	さき	先生・せんせい - Profesor 先週・せんしゅう - Semana pasada 先月・せんげつ - Mes pasado 先・さき - Por delante
31	生 Vida (5)	せい しょう	い、う	留学生・りゅうがくせい - Estudiante de intercambio/internacional 生まれる・うまれる - Nacer 学生・がくせい - Estudiante 生きる・いきる - Vivir
32	男 Hombre (7)	だん なん	おとこ お	男の人・おとこのひと - Hombre 男の子・おとこのこ - Niño 男子学生・だんしがくせい - Hombre, estudiante 男性・だんせい - Género masculino
33	女 Mujer (3)	じょ	おんな	女の人・おんなのひと - Mujer 女の子・おんなのこ - Niña 女性・じょせい - Género femenino 女子学生・じょしがくせい - Mujer estudiante
34	子 Niño (3)	し	こ	子供・こども - Niño
35	上 Arriba (3)	じょう	うえ、あ、のぼ	上・うえ - Encima 上手・じょうず - Hábil 上着・うわぎ - Chaqueta 上げる・あげる - Dar (empleo del kanji en desuso) 上る・のぼる - Escalar
36	下 Abajo (3)	か	した、くだ	下・した - Debajo 下手・へた - Inútil くつ下・くつした - Calcetines 地下鉄・ちかてつ - Metro
37	中 Centro (4)	ちゅう じゅう	なか	中・なか - Dentro 中国・ちゅうごく - China 一日中・いちにちじゅう - Día completo

漢字ファイト！・かんじファイト！

¡A practicar!

1. ¿Cómo se leen las siguientes palabras? Subraya la correcta.

a) 生まれる	1) るまれる	2) あまれる	3) うまれる	4) おまれる
b) 先週	1) ぜんしゅう	2) せんしゅう	3) ぜんしゅ	4) せんしゅ
c) 中	1) うえ	2) なこ	3) した	4) なか
d) 先生	1) せんぜい	2) せんさい	3) せんせい	4) せんせえ
e) 先	1) さき	2) ちき	3) きさ	4) さぎ
f) 金よう日	1) げつようび	2) きんようび	3) げつようび	4) どようび
g) 足	1) て	2) あさ	3) め	4) あし
h) 上手	1) じょうず	2) じょす	3) べた	4) へた

2. Escribe en hiragana los siguientes kanjis:

a) 男子学生 _____

b) 先月 _____

c) 下手 _____

d) くつ下 _____

e) 一日中 _____

f) 中国 _____

3. Traduce las siguientes frases al español y escribe los kanjis en hiragana:

a) 火よう日に先生は男子学生と女子学生に本をよみませんでした。
_____

b) お母さんにくつを一足上げました。
_____

c) 木の下でノートにかきます。
_____

d) 女の人と男の子はきれいな人です。
_____

e) 一日中うちの中にいます。
_____

107

Lectura y escritura

1. Lee el siguiente email. メールーをよんでください。

From: momo@emailfalso.com

Subject: ひしろかいりちゃんへ

ひしろちゃん！

元気ですか。私は今週すごくひまですから、毎日メールーを書きます。すみません〜〜（W）先週テニスをしました。でも。。。下手です！できません！だから、テニスはつまらなかった。来週、おもしろいスポーツをします。サッカー？ゴルフ？（W）

私の新しいクラスは小さいです。でも、みんなはいいです！アルテゥーロさん、デレックさん。。。すごくやさしい人です！アルテゥーロさんはスペイン人です！ちょっとしずかな人とです。デレックさんは日本人です。マンガが大好きです！

じゃあ〜〜今おふろに入りますから、後で電話します。オッケー？

あっ！日よう日にその有名なパーティーに行きましょうか。

大好きです。

もも ＜３

Vocabulario extra:

(W) - Equivale a «jaja» o «XD»
だから - Así que
サッカー - Futbol
ゴルフ - Golf

じゃあ - Bueno (expresión)
クラス - Clase
でんわします - Llamar

書きと読み・かきとよみ

2. Responde a las preguntas. しつもんにこたえてください。

a) いつパーティーにいきますか。
_____

b) こんしゅうはいそがしいですか。
_____

c) 今日はおふろにはいりますか。
_____

d) せんしゅう、なにをしましたか。
_____

e) ももこさんのクラスはおおきいですか。
_____

3. Escribe tu propio email. メールーをかいてください。

Examen

1. ¿Cómo se leen las siguientes palabras? Subraya la correcta:

a) 二人　　　1) ふっとり　　2) ふたり　　3) ふとり　　4) ふったり

b) 土よう日　1) とようび　　2) どよび　　3) どっようび　4) どようび

c) 生きる　　1) いきる　　　2) あきる　　3) おきる　　4) えきる

d) 一日中　　1) いちにちじ　2) いちにじゅ　3) いちにちゅ　4) いちにちじゅう

e) 先生　　　1) ばんざい　　2) せんせい　3) せんせえ　4) せんせん

f) 上手　　　1) じょす　　　2) じょうず　3) じょうす　4) じょず

g) 先月　　　1) せんげつ　　2) さんがつ　3) せんがつ　4) さんげつ

2. Elige la palabra que completa la frase:

a) きのうは（　　　　　）です。

1) さむい　　2) さむくない　　3) さむくなかった　　4) さむ

b) としょかんに（　　　　　）。

1) いきましょう　2) のみましょう　3) よみましょう　4) かきましょう

c) だいがくに（　　　　）にいきました。

1) あるき　　2) のみ　　3) うたい　　4) べんきょう

3. Completa las frases con la partícula correcta:

a) 今日（　）きっさてん（　）コーヒー（　）のみ（　）いきます。

b) あそこ（　）いぬ（　）います。

c) くるま（　）あそこ（　）あります。

d) ベッド（　）本（　）よみます。

e) わたし（　）ペン（　）それです。

4. Crea una frase ordenando estas palabras:

a) は・これ・わたし・本・の・です

b) ダニさん・です・いい・は・人

c) アナさん・じゃ・です・ない・は・ふでばこ・の・あれ

d) か・あなた・の・どこ・は・です・パソコン

110

テスト

5. Traduce las siguientes frases al japonés:

a) Practicaré piano todos los días en casa.

b) Voy a ir a Francia a comprar libros.

c) Vengo a la universidad a estudiar japonés.

d) Ese no es el coche de Antonio. Pero mi coche es nuevo.

e) María es muy bonita. Es mi novia.

f) Mañana hará un poco de frío.

g) Josefa es una persona famosa.

6. Traduce las siguientes frases al español:

a) げんかんであたらしい本をよみました。

b) ソファでたのしい人をみました。

c) にわでおいしいあさごはんをたべませんか。

d) だいどころはうるさいですから、へやにいきます。

e) このうたはおもしろいですね！

f) つまらないクラスですから、レストランにたべにいきます。

g) 男の人と女の人がすきです。

TEMA 5
Fin de semana

第五課
だい ご か

週末
しゅう まつ

VOCABULARIO

う
- Vender 売る / うる
- Apagar/Borrar 消す / けす
- Usar 使う / つかう
- Morir 死ぬ / しぬ
- Cortar 切る / きる

る
- Nacer 生まれる / うまれる
- Encender つける
- Responder 答える / こたえる

IRR
- Pasear 散歩する / さんぽする
- Copiar コピーする

「時間（じかん）」 Tiempo

しゅうまつ (週末) - Fin de semana
あさ (朝) - Mañana
ひる (昼) - Mediodía
よる (夜) - Noche
ばん (晩) - Noche

「家族（かぞく）」 Familia

おねえさん (お姉さん) - Hermana mayor
いもうと (妹) - Hermana menor
おにいさん (お兄さん) - Hermano mayor
おとうと (弟) - Hermano menor
きょうだい (兄弟) - Hermanos
しまい (姉妹) - Hermanas
おじいさん (お祖父) - Abuelo/señor mayor
おじさん - Tío/señor
おばあさん (お祖母さん) - Abuela/señora mayor
おばさん - Tía/señora
いとこ - primo/a

「服（ふく）」 Ropa

めがね - Lentes
ベルト - Cinturón
ネクタイ - Corbata
ドレス/ワンピース - Vestido

単語・たんご

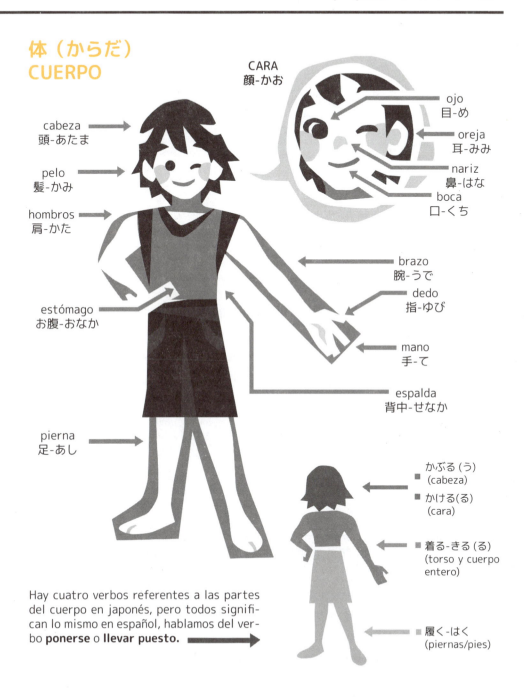

Hay cuatro verbos referentes a las partes del cuerpo en japonés, pero todos significan lo mismo en español, hablamos del verbo **ponerse** o **llevar puesto.**

Por último, tenemos el verbo **脱ぐ-ぬぐ,** que es quitarse (cualquier prenda).

LA GRAMÁTICA DE HOY

1. Forma て en verbos

Llegados al tema 5, se sobreentiende que dominas los verbos en forma larga en las cuatro formas aprendidas: presente y pasado (afirmativo y negativo). Por ello, añadimos por primera vez una nueva forma verbal, la forma て.

Estos dos son sus usos más habituales:

- Imperativo suave (pedir algo por favor)
- Unir frases

Sin embargo, esta forma es un recurso muy usado en unión a otros verbos y/o expresiones que conseguirán que le demos estos usos:

- Gerundio
- Pedir permiso para hacer algo

Pero para poder usarlo tan ampliamente necesitamos comprender cómo se construye esta forma verbal. Distinguiremos como siempre los tres grupos de verbos:

■ **Verbos る**

Es la forma más simple, ya que, al igual que vimos en presente y pasado, eliminaremos る y añadiremos て. Ya tenemos la forma て de estos verbos. る → て

Ejemplos:
  たべる-->たべて (comer)
  ねる-->ねて (dormir)
  こたえる-->こたえて (responder)

■ **Verbos う e irregulares**

Estos dos grupos los estudiaremos de forma unificada gracias a esta tabla. Localizamos la sílaba que va justo antes de ます en el verbo y la sustituimos (junto a ます) por la que aparezca en la tabla:

い → って	あう → あいます → あって (encontrarse)
ち → って	まつ → まちます → まって (esperar)
り → って	かえる → かえります → かえって (volver)
み → んで	のむ → のみます → のんで (beber)
び → んで	あそぶ → あそびます → あそんで (jugar)
に → んで	しぬ → しにます → しんで (morir)

今日の文法・きょうのぶんぽう

き → いて　　かく → かきます → かいて (escribir)

ぎ → いで　　およぐ → およぎます → およいで (nadar)

し → して　　はなす → はなします → はなして (hablar)

*いきます → いって　　Y, como excepción, encontramos el verbo «ir» (いく), que tiene una forma que no se guía por la tabla.

Los verbos irregulares tienen su forma particular:

する　　→　　します　　→　して (hacer)

くる　　→　　きます　　→　きて (venir)

Una vez conocidas estas formas, podemos transformar cualquier verbo en forma て para usar el imperativo suave. Recuerda que, aunque no sea la forma imperativa propiamente dicha, es una orden y puedes sonar grosero. Si añades «por favor» (ください) después de esta forma て, estarás pidiendo las cosas de manera mucho más educada.

2. Estructuras con forma て (PARTE 1)

Como hemos mencionado, uniendo el verbo en forma て a otras estructuras podemos crear otros usos. Veamos dos ahora y los demás en los próximos temas.

■ Pedir por favor - Verbo forma て + ください

Ejemplo:
　　　こたえてください。　　　　　Responde, por favor.

■ Unir frases

Gracias a esta forma verbal podremos crear frases más largas en japonés y encadenar dos verbos. Cuando usamos la forma て uniendo dos verbos debemos tener varias cosas en cuenta:

> Verbo 1 (forma て), Verbo 2 (tiempo verbal deseado)

*El verbo 1 se conjugará copiando la conjugación del verbo 2. Es decir, si pones el segundo verbo en pasado, el primero también lo estará.

*El verbo 1 siempre se realiza primero. Es necesario acomodar los verbos por orden de realización. Si quieres poner el V1 en negativo, tendrás que esperar al tema 9.

Ejemplo:
　　　あさごはんをたべて、だいがくにいきました。
　　　Desayuné y me fui a la universidad. (Primero desayuné y luego me fui a la universidad, ambos en pasado y en ese orden).

LA GRAMÁTICA DE HOY

■ **Gerundio**

El verbo いる ya lo vimos como «tener/haber» de seres humanos y animales en el tema 3. Ahora lo unimos a la forma て para crear el gerundio «estar haciendo X cosa».

> Verbo て + いる

Ejemplo:

ももこさんはねています。

Momoko está durmiendo.

Aparte del uso del gerundio para acciones constantes o que estamos haciendo actualmente, hay ciertos verbos que usaremos siempre en esta forma debido a su carácter de acción constante o estado. Aquí algunos de ellos:

- **もつ**　　もっている (llevar)
　　　　　　ラップトップをもっています。Llevo la laptop.
- **しる**　　しっている (conocer) *En negativo しりません, no usamos gerundio.
　　　　　　ブラッドピットをしっています。Conozco a Brad Pitt.
- **つとめる**　つとめている (trabajar para) *Siempre partícula «に»
　　　　　　ABCにつとめていました。Trabajé para *ABC*.
- **すむ**　　すんでいる (vivir en) *Siempre partícula «に»
　　　　　　とうきょうにすんでいません。No estoy viviendo en Tokio.
- **きる**　　きている (llevar puesto) *Lo mismo para cualquier verbo de vestir.
　　　　　　かわいいドレスをきています。Llevo un vestido adorable.
- **けっこんする**　けっこんしている (estar casado)
　　　　　　アントニオさんとけっこんしています。Estoy casada con Antonio.
- **おきる**　おきている (estar despierto)
　　　　　　おねえさんはおきていますか。¿Mi hermana mayor está despierta?

■ **Pedir permiso**

¿Puedo ir al baño? ¿Está bien si como tu comida? Gracias a esta unión de un verbo en forma て y el adjetivo «いい» (bueno), podemos pedir permiso y/o darlo.

> Verbo て + もいいですか
> ¿Puedo...?
> Verbo て + もいいです
> Puedes...

今日の文法・きょうのぶんぽう

Ejemplo:

　　　クラスでみずをのんでもいいですか 。

　　　- ¿Puedo beber agua en clase?

3. Descripción de personas

A través de una sencilla estructura, aprenderemos cómo podemos describirnos a nosotros mismos o a otras personas.

> PERSONA + は + PARTE DEL CUERPO + が + ADJETIVO + です
>
> PERSONA + の + PARTE DEL CUERPO + は + ADJETIVO + です

¿Qué diferencia hay entre ambas? Realmente es muy poca, podemos compararlo con el español:

マリアさんはかみがながいです。María tiene el pelo largo.

マリアさんのかみはながいです。El pelo de María es largo.

En ambos casos diremos lo mismo, solo cambiamos la estructura de la frase. ¡Prueba crear las frases en ambos estilos hasta que los domines!

Por otra parte, encontramos algunos adjetivos que se expresan directamente con la estructura PARTE DEL CUERPO + が + ADJETIVO, como son:

せがたかい - Alto (espalda alta)
せがひくい - Bajo (espalda baja)
あたまがいい - Inteligente (buena cabeza)

****

El dominio de los verbos y su conjugación es fundamental antes de seguir avanzando. Pon a prueba tus conocimientos con la siguiente tabla.

Recuerda que todas las respuestas a los ejercicios puedes encontrarlas en nuestra página web.

LA GRAMÁTICA DE HOY

ESPAÑOL	PRESENTE + CORTA	PRESENTE + LARGA	PASADO + LARGA
VENDER			
VER			
MORIR			
HACER			
HABLAR			
LEER			
CORTAR			
VENIR			
DESVESTIRSE			
LAVAR			
IR			
JUGAR			
OLVIDAR			
COMPRAR			
CAMINAR			

今日の文法・きょうのぶんぽう

PRESENTE - LARGA	PASADO - LARGA	FORMA TE	RAÍZ

¡A PRACTICAR!

1. Traduce las siguientes frases al japonés:

a) Todos los días desayuno y voy a la universidad.

b) Ahora estoy comiendo pasta. Mañana iré a la tienda a comprar.

c) ¿Puedo beber esta agua?

d) Tienes unas manos muy bonitas.

e) ¿Puedo ir a dormir a casa de José?

f) Pepa está bebiendo agua. No está bebiendo vodka.

g) Mi primo está duchándose ahora.

h) Jennifer está escribiendo en el cuaderno.

2. Traduce las siguientes frases al español:

a) きのうコピーしましたから、いまコピーしていません。

b) この本をうってもいいですか。

c) でくくんの目はおおきいです。

d) このパソコンをつかってもいいですか。

e) いつ生まれましたか。

f) きょうだいとしまいがいますか。

練習！練習！・れんしゅう！れんしゅう！

3. Describe a cuatro personas de tu alrededor:

a) _____

b) _____

c) _____

d) _____

4. Escribe la forma て de los siguientes verbos:

a) Encender

b) Apagar

c) Nacer

d) Dormir

e) Cantar

f) Salir

g) Beber

h) Quedar

5. Crea frases con estos dos verbos uniéndolos con la forma て en cualquier orden:

a) おふろにはいる / さんぽする

_____

b) べんきょうする / おきる

_____

c) きく / れんしゅうする

_____

d) こたえる / コピーする

_____

e) おしえる / かえる

_____

f) りょこうする / シャワーをあびる

_____

聞き取り・ききとり

Comprensión auditiva

1. Escucha las siguientes palabras y escríbelas:

a) _____

b) _____

c) _____

d) _____

e) _____

2. Escucha las siguientes frases y escríbelas:

a) _____

b) _____

c) _____

d) _____

e) _____

3. Escucha el audio y responde a las preguntas:

a) _____

b) _____

c) _____

d) _____

e) _____

4. Elige la opción correcta:

a)   1.   2.   3.   4.

b)   1.   2.   3.   4.

c)   1.   2.   3.   4.

d)   1.   2.   3.   4.

e)   1.   2.   3.   4.

日本文化・にほんぶんか

Cultura japonesa

Artes

En Japón existen muchísimas artes. Si quisiéramos hablar de todas ellas a profundidad no tendríamos espacio suficiente ni aunque escribiéramos tres libros, así que echaremos un vistazo rápido a algunas de ellas con el objetivo de que seas tú el que ahonde en las que más te gusten.

Caligrafía - しょどう (書道): El arte del pincel es un elemento clásico y común a otros muchos países de Asia Oriental. En el caso japonés, se llama しょどう y tiene distintos tipos de escritura en función, por ejemplo, de si levantamos o no el pincel al escribir. Todo un arte que necesita mucha práctica, pero que es realmente relajante. Crear tu propia tinta a base de rozar piedras con agua, deslizar el pincel por el papel con trazo seguro... Entras en el kanji, te conviertes en él.

Ceremonia del té - さどう (茶道): Si la caligrafía trata de llenar un papel con tinta, la ceremonia del té trata de llenar tu mente con protocolos, paz, té y, en muchos casos, unos dulces realmente deliciosos y estéticos. Desde el número de veces que giras el cuenco hasta las reverencias, todo está protocolizado en este arte. ¿Serás capaz de intentarlo en casa?

Ukiyoe - うきよえ (浮世絵): El arte de tallar planchas de madera que, a base de superponer colores, crean las primeras fotocopiadoras a color. A través de esta técnica, una ilustración de artistas como Hokusai, autor de la famosa *La gran ola de Kanagawa* que ves aquí ilustrada, podía estar al alcance de cualquiera. También puedes investigar esto como «estampa japonesa» y merecerán la pena las ilustraciones que descubrirás.

Diálogo

アルトゥーロさんとももこさんはクラスで話しています。
ももこ: アルトゥーロさん。。。元気ですか。
アルトゥーロ: じつは。。。パーティーに行きません。
ももこ: どうしてですか。
アルトゥーロ: ごご十一時からバスがありませんから。どこでねますか。
ももこ: パーティーはどこですか。でくくんのパーティーですか。
アルトゥーロ: はい、でくくんのパーティーです。ももこさんは行きますか。
ももこ: はい！もちろん。そして、私のうちはとても近いです。
アルトゥーロ: えっと。。。ももこさんのうちでねましょうか。
ももこ: ああ。。。えっと。。
アルトゥーロ: あっ！すみません！スペインでいつも友だちのうちでねます。日本にそれはへんですね。。。
ももこ: ははは！大丈夫です！日本はちょっとへんですね。うちでねましょう！いまお母さんに電話します。
アルトゥーロ: ありがとう！ね、ももこさんの彼女はパーティーに行きますか。
ももこ: はい！名前はかいりです。
アルトゥーロ: よかった！楽しいです！

パーティーの後で、うちに帰ります。
ももこ: あ。。。楽しかったですね！
かいり: はい！すごく楽しかった！でくくんのうちはとても小さいですね。
アルトゥーロ: はい、小さいです。でも、そのうちは新しくないですね。。。
かいり: はい、新しいです。今年そのうちを買いました。お父さんは死にましたから、小さいうちにひっこししました。
ももこ: そうですか。
アルトゥーロ: ざんねんですね。。。
ももこ: じゃ、ここは私のうちです。

会話・かいわ

Español

Momoko y Arturo hablan en clase.

Momoko: Arturo, ¿estás bien?
Arturo: La verdad es que no voy a ir a una fiesta...
Momoko: ¿Por qué?
Arturo: A partir de las 23 h no hay autobuses. ¿Dónde duermo?
Momoko: ¿La fiesta dónde es? ¿Es la fiesta de Deku?
Arturo: ¡Sí, es la fiesta de Deku! ¿Tú vas a ir?
Momoko: Sí, claro que voy. Además, mi casa está muy cerca.
Arturo: Este... ¿Dormimos en tu casa?
Momoko: Mmm... Pues...
Arturo: ¡Ay! ¡Lo siento! En España siempre duermo en casa de amigos. Eso en Japón es raro, ¿no?
Momoko: Jajaja, no te preocupes. Japón es un poco raro, ¿no? ¡Durmamos en mi casa! Voy a llamar ahora a mi madre.
Arturo: ¡Gracias! Oye, Momoko, ¿tu novia va a la fiesta?
Momoko: Sí. Su nombre es Kairi.
Arturo: ¡Bien! ¡Qué divertido!

Vuelven a casa después de la fiesta.

Momoko: ¡AH! ¡¡Qué divertido fue!!
Kairi: Sí, fue superdivertido. La casa de Deku es muy pequeña, ¿verdad?
Arturo: Sí, es pequeña. Pero esa casa no es nueva, ¿no?
Kairi: Sí, es nueva. Como su padre murió, se mudaron a una casa pequeña.
Momoko: ¿Ah, sí?
Arturo: Qué pena...
Momoko: Bueno, esta es mi casa.

Vocabulario extra:

どうして - ¿Por qué?
じつは - La verdad es que...
近い・ちかい - Cerca (adj. い)
大丈夫・だいじょうぶ - No pasa nada
へん - Raro (adj. な)
ひっこしする - Mudarse
ざんねんですね - Qué pena

127

漢字ファイト！・かんじファイト!

¡Pelea de kanjis!

Nº	Kanji	Lectura on	Lectura kun	Palabras
38	半 Mitad (5)	はん	なか	半分・はんぶん - Mitad 半・はん - Y media
39	分 Minuto, parte, entendimiento (4)	ふん、ぷん	わ	分かる・わかる - Entender 自分・じぶん - Propio 分・ふん/ぷん - Minuto
40	山 Montaña (3)	さん、せん	やま	山・やま - Montaña 山口・やまぐち - Yamaguchi 山道・やまみち - Camino de montaña 火山・かざん - Volcán
41	川 Río (3)	せん	かわ	川・かわ - Río 山川・やまかわ - Yamakawa
42	天 Cielo (4)	てん	あまつ、あめ、あま	天皇・てんのう - Emperador 天国・てんごく - Cielo 天ぷら・てんぷら - Tempura
43	気 Espíritu, estado (6)	き、け	いき	天気・てんき - Clima 病気・びょうき - Enfermo 元気・げんき - Saludable 電気・でんき - Electricidad
44	右 Derecha (5)	う、ゆう	みぎ	右手・みぎて - Mano derecha 右足・みぎあし - Pierna derecha 右目・みぎめ - Ojo derecho 右・みぎ - Derecha
45	左 Izquierda (5)	さ、しゃ	ひだり	左右・さゆう - Izquierda y derecha 左利き・ひだりきき - Zurdo 左・ひだり - Izquierda

漢字ファイト！・かんじファイト!

¡A practicar!

1. ¿Cómo se leen las siguientes palabras? Subraya la correcta:

a) 右手	1) みぎて	2) みきで	3) みきて	4) みぎで
b) 半	1) ばん	2) ぱん	3) はえ	4) はん
c) 天気	1) げんき	2) でんき	3) てんき	4) でんぎ
d) 火山	1) かさん	2) かさえ	3) かざえ	4) かざん
e) 山口	1) やまぐち	2) やまくち	3) やまくら	4) やまぐら
f) 半分	1) はんぶん	2) はんふん	3) ばんふん	4) ばんぶん
g) 下手	1) べだ	2) へた	3) へだ	4) べた
h) 生まれる	1) うまれる	2) いまれる	3) えまれる	4) あまれる

2. Escribe en hiragana los siguientes kanjis:

a) 左右　_____

b) お母さん　_____

c) 木よう日　_____

d) 先生　_____

e) 二つ　_____

f) 先月　_____

3. Traduce las siguientes frases al español y escribe los kanjis en hiragana:

a) 火よう日にお父さんと川と山にいきました。
_____

b) わたしは左ききです。左手でかきます。
_____

c) 今日は水よう日です。五じ半ですか。いいえ、五じ四十五分です。
_____

d) アントニオさんは男の人じゃありません。女の人です。
_____

e) パブロの手はテーブルの上です。
_____

Lectura y escritura

1. Arturo escribe una carta a su amigo. アルテゥーロは友だちに手紙を書きます。

パブロへ、

元気ですか。スペインはあついですか。日本はとてもきれいです。毎日高校に行って、友だちとあそびます。

友だちがたくさんいます。私は日本語が下手ですね。でも、よく頑張ります。毎晩、十一時までに勉強して、ねます。日本語は難しいですね。プレゼントをおくりました。
パブロさんは日本ご語が上手ですね。。。でも、私は毎日勉強しますから、大丈夫です！

来年、スペインに帰ります。スペインの家族は元気です。そして、日本の家族はすごくやさしいです！
私の日本語の本をつかってくださいね。うちにあります。テーブルの上です。お母さんに電話してください。
今、一人でラーメンを食べています。このラーメンはとてもおいしいです。このラーメンを食べましたか。店の名前はナルトです。

スペインで会いましょうね！

Vocabulario extra:
がんばります(がんばる) - Esforzarse
プレゼント - Regalo
おくりました(おくる) - Enviar
ラーメン - Ramen

書きと読み・かきとよみ

2. Responde a las preguntas. しつもんにこたえてください。

a) レストランのなまえはなんですか。
___

b) だれがラーメンをたべていますか。
___

c) なんじまでにべんきょうしますか。
___

d) なにをおくりましたか。
___

e) テーブルの上になにがありますか。
___

3. Intenta escribir tu propia carta. てがみをかいてください。

Examen

1. ¿Cómo se leen las siguientes palabras? Subraya la correcta:

a) 六百	1) ろっぴゃく	2) るっぴゃく	3) ろっびゃく	4) ろぴゃく
b) 山本	1) やまみと	2) やまもろ	3) やまもと	4) やまモと
c) 土よう日	1) げつようび	2) かようび	3) にちようび	4) どようび
d) 先月	1) ぜんげつ	2) せんげつ	3) せんげっ	4) さんげつ
e) 一日中	1) いちにちじ	2) いちにじゅ	3) いちにちゅ	4) いちにちじゅう
f) 人	1) にん	2) ひと	3) じん	4) し
g) 右	1) みぎ	2) みき	3) ひだり	4) ひたり
h) 半分	1) はんぷん	2) はんふん	3) はっぶん	4) はんぶん

2. Elige la palabra que completa la frase:

a) 本を（　　　）います。

1) のって　　　2) よんで　　　3) あって　　　4) とって

b) 火よう日に（　　　）をたべました。

1) パスタ　　　2) コーヒー　　　3) みず　　　4) いす

c) わたしはあさシャワーを（　　　）。

1) のみます　　2) あびます　　3) たべます　　4) はいります

3. Completa las frases con la partícula/interrogativo correcto:

a) きっさてん（　）どこですか。　　　1 を　　2 は　　3 の　　4 に

b) マリアさんは（　）ですか。　　　1 どこ　2 いつ　3 なに　4 の

c) わたしはくるま（　）ありません。　1 を　　2 は　　3 が　　4 に

d) これはペンです。それ（　）ペンです。1 を　　2 は　　3 が　　4 も

e) としょかん（　）日本ごをべんきょうします。1 を　2 で　3 が　4 も

4. Crea una frase ordenando estas palabras:

a) します・日本ごを・べんきょう・まい日

b) いきました・お母さん・ぎんこうへ・と

c) 六じ・だいがく・あさごはん・たべて・へ・を・いきます・に

テスト

d) スペイン・まで・に・から・いきます・フランス

e) です・さん・の・の・ホセ・ドア・くるま・の・は・きれい・ともだち

5. Elige el kanji/katakana que hayas estudiado:

a) き	1) 气	2) 気	3) 毎	4) 侮
b) さき	1) 完	2) 光	3) 先	4) 元
c) おんな	1) 女	2) 安	3) 好	4) 汝
d) ひだり	1) 左	2) 右	3) 友	4) 在
e) なか	1) 仲	2) 古	3) 中	4) 沖
f) てれび	1) テレビ	2) テレひ	3) テレヒ	4) デレビ
g) かね	1) 会	2) 舎	3) 金	4) 全

6. Elige la frase que tenga el mismo significado:

a) このふでばこはたかいです。

    1. このふでばこはたかくないです。

    2. このふでばこはやすくないです。

    3. このふでばこはおもしろいです。

b) わたしのおじさんはぺぺさんです。

    1. ぺぺさんはおかあさんのおとうさんです。

    2. ぺぺさんはおかあさんのおかあさんです。

    3. ぺぺさんはおかあさんのおにいさんです。

c) バネサさんはたべものをかいました。

    1. バネサさんはみずをかいました。

    2. バネサさんはコーヒーをかいました。

    3. バネサさんはトマトをかいました。

d) 二月十六日に生まれました。

    1. 二月十六日はわたしのたんじょうびです。

    2. 二月十六日はわたしのお父さんです。

    3. 二月十六日はわたしのうちです。

TEMA 6
¿Qué paso?

第六課
どうしたんですか

VOCABULARIO

う

Esperar	Aprender	Nadar	Conocer	Montarse
まつ 待つ	ならう 習う	およぐ 泳ぐ	しる 知る	のる 乗る

Sentarse	Llevar (cosas)	Llevar/cargar	Levantarse	Llevar (personas)
すわる 座る	もっていく 持って行く	もつ 持つ	たつ 立つ	つれていく 連れて行く

IRR

Traer (cosas)
もってくる
持って来る

Traer (personas)
つれてくる
連れて来る

る

Recordar/memorizar
おぼえる
覚える

Empezar
はじめる
始める

「仕事（しごと）」 Trabajo

メール - Email
アルバイト / バイト - Trabajo de medio tiempo

「スポーツ」 Deportes

バスケット(ボール) - Basquetbol
テニス - Tenis
ゴルフ - Golf
サッカー - Futbol
やきゅう (野球) - Beisbol

「いろいろな単語（いろいろなたんご）」 Vocabulario variado

さいふ - Monedero
じてんしゃ (自転車) - Bicicleta
いえ (家) - Casa
じしょ (辞書) - Diccionario
おんがく (音楽) - Música
バイク - Moto

かさ (傘) - Paraguas
えいが (映画) - Película
くるま (車) - Coche
かいもの (買い物) - Compras
スーパー - Supermercado

単語・たんご

Colores – いろ – 色

Verde	みどり / 緑
Rosa	ピンク
Morado	むらさき / 紫
Plateado	ぎんいろ / 銀色
Dorado	きんいろ / 金色

Azul	あおい / 青い
Rojo	あかい / 赤い
Blanco	しろい / 白い
Negro	くろい / 黒い
Marrón	ちゃいろい / 茶色い
Amarillo	きいろい / 黄色い

Los colores del cuadro que terminan en la letra «い» son adjetivos y los usaremos como tal. Además, si les quitamos la «い», actuarán como sustantivos («el rojo, el azul»). Los demás son sustantivos y usarán la partícula «の».

Ejemplos:

あおいくるま。 Coche azul.

むらさきのくるま。 Coche morado.

あかはきれいないろです。 El rojo es un color bonito.

LA GRAMÁTICA DE HOY

1. Forma corta en presente y pasado

Como ya explicamos la primera vez que hablamos de los verbos, podemos conjugarlos en forma larga (más formal) y corta (más informal). La forma corta, además de darnos agilidad lingüística, nos permite construir un gran número de estructuras.

El uso de la forma corta en los diálogos escritos y orales será algo bastante constante a partir de ahora, se eliminarán los «です» innecesarios, verás más símbolos de interrogación y, en resumen, todo te parecerá más confuso. Recuerda que el uso de la forma corta en diálogos implica confianza y cercanía, por lo que podrás notar el nivel de la relación que tienen los personajes a través del uso de la forma corta, la ausencia de sufijos como «さん», etc.

Primero veremos la tabla completa de presente y pasado, y a continuación explicaremos cada una de las formas.

- **Verbos る**

たべる	+	-
PRESENTE	たべる	たべない
PASADO	たべた	たべなかった

Presente:
    Afirmativo: ya lo conocemos.
    Negativo: sustituimos る por ない.

Pasado:
    Afirmativo: sustituimos る por た.
    Negativo: sustituimos る por なかった.

A partir de ahora podremos referirnos al negativo presente como FORMA ない y al afirmativo pasado como FORMA た. Como ves, los verbos る son los más simples, ya que siempre sustituiremos る por otros sufijos.

- **Verbos う**

のむ	+	-
PRESENTE	のむ	のまない
PASADO	のんだ	のまなかった

Presente:
    Afirmativo: ya lo conocemos.
    Negativo: eliminamos ません y cambiamos la sílaba antes de ません por su correspondiente sílaba en あ (のみーのま, いきーいか, etc.), y añadimos ない.

今日の文法・きょうのぶんぽう

*Si la sílaba que hay antes de ません es la vocal い (p. ej.: あいません), en lugar de añadir «<u>あ</u>» pondremos «<u>わ</u>». Ejemplo: あいません → あわない

*<u>Excepción</u>: ありません → ない / ありませんでした → なかった

Pasado:
    -Afirmativo: ponemos el verbo en forma て y cambiamos la え por あ. No hay excepciones.
    -Negativo: cambiamos la forma ない por なかった.

■ **Verbos irregulares**

くる	+	-
PRESENTE	くる	こない
PASADO	きた	こなかった

する	+	-
PRESENTE	する	しない
PASADO	した	しなかった

Como siempre, los verbos irregulares siguen sus propias normas y debemos estudiarlos de forma independiente.

El auxiliar です también posee su tabla propia de forma corta:

です	+	-
PRESENTE	だ	じゃない・ではない
PASADO	だった	じゃなかった・ではなかった

Como ves, じゃありません y じゃありませんでした no podrán usarse, ya que existe la forma corta de ありません Y ありませんでした (ない y なかった respectivamente).
Recordamos que じゃ es lo mismo que では y que los primeros se usarán más de forma oral y los segundos más de forma escrita.

Por otra parte, los sustantivos y adjetivos な crean su forma corta poniendo el auxiliar です en la forma corta que acabamos de ver.

Los adjetivos い simplemente eliminarán です de su conjugación, ya que no aporta ninguna información.

2. Forma corta + んです

Existen situaciones en las que debemos dar explicaciones, razones, motivos o excusas, o en las que queremos pedir explicaciones.

LA GRAMÁTICA DE HOY

Eso que nosotros hacemos a través de las expresiones como «es que...», «verás...», «¿se puede saber qué pasó?» o simplemente con el tono de nuestra voz, en japonés se plasma en la gramática.

Para ello debemos cambiar el final de la frase y ponerlo en forma corta para poder añadir «んです».

Sabemos cómo poner los verbos en forma corta, pero ¿y si no termina en verbo? Veamos todas las posibilidades y sus diferentes formas para compararlas.

<u>Verbos</u>: seguiremos las tablas anteriores + んです

    Frase: No había autobuses.

    Frase forma larga: バスがありませんでした。

    Frase forma corta: バスがなかった。

    Frase con んです: バスがなかったんです。

<u>Adjetivos い</u>: lo conjugaremos como queramos y eliminaremos el です final + んです

    Frase: No hace calor.

    Frase forma larga: あつくないです。

    Frase forma corta: あつくない。

    Frase con んです: あつくないんです。

<u>Adjetivos な y sustantivos</u>: adjetivo + な + んです

    Frase: Es tranquila.

    Frase forma larga: しずかです。

    Frase forma corta: しずかだ。

    Frase con んです: しずかなんです。

*Ese 「な」 aparece solo en presente afirmativo, ya que en negativo y pasado usaremos です en forma corta + 「んです」. Revisa los siguientes ejemplos:

しずかだったんです。
Era callada.

スペイン人じゃないんです。
No es española.

しずかじゃなかったんです。
No era callada.

今日の文法・きょうのぶんぽう

ESPAÑOL	PRESENTE + CORTA	PASADO + CORTA	PRESENTE - CORTA	PASADO - CORTA
FRÍO				
RUIDOSO				
CALIENTE				
DIVERTIDO				
SUCIO				
GUSTAR				
ODIAR				
ABURRIDO				
LARGO				
CORTO				
LIBRE				
OCUPADO				
SANO				
ADORABLE				
FAMOSO				

LA GRAMÁTICA DE HOY

ESPAÑOL	PRESENTE + CORTA	PASADO + CORTA	PRESENTE - CORTA	PASADO - CORTA
NADAR				
MORIR				
CAMINAR				
DESPERTAR				
LAVAR				
SALIR				
VOLVER				
HACER				
LEVANTARSE				
APAGAR				
IR				
ESCRIBIR				
APRENDER				
ENSEÑAR				
NACER				

今日の文法・きょうのぶんぽう

ESPAÑOL	PRESENTE + CORTA	PASADO + CORTA	PRESENTE - CORTA	PASADO - CORTA
CORTAR				
ENCENDER				
QUEDAR				
ESPERAR				
SENTARSE				
VENDER				
TRABAJAR				
JUGAR				
PODER HACER				
ESCUCHAR				
VENIR				
CARGAR				
CONOCER				
USAR				
OLVIDAR				

¡A PRACTICAR!

1. Traduce las siguientes frases al japonés:

a) La casa azul es grande. La casa verde es pequeña.

b) Lleva, por favor, a Pedro al bachillerato.

c) ¿Puedo llevar comida a la fiesta?

d) Ahora estoy estudiando italiano. ¿Puedo ir mañana?

e) Por favor, ve a la cafetería a comprar buen café.

f) El coche rojo está delante de la casa amarilla de José Francisco.

g) ¿Vamos el domingo de esta semana al parque juntos?

h) El río está cerca de la nueva tienda de animales.

i) ¿Puedo ir a la farmacia a comprar medicinas?

j) Pepa tiene el pelo largo. Es bonito.

2. Traduce las siguientes frases al español:

a) わたしはうたわない！すきじゃない！

b) あしたがっこうへいく？

c) きのううちにかえらなかった。

d) うるさいゲームをしてもいいですか。

練習！練習！・れんしゅう！れんしゅう！

e) にぎやかなこうえんですから、かえります。
_____

f) まい日、あさごはんをたべて、だいがくにいきます。
_____

g) すきな人はマリオなんです。
_____

h) コーヒーがなかったから、スーパーへかいにいった。
_____

i) テストがあるから、べんきょうしているんだ。
_____

3. Escribe los siguientes verbos en forma corta:

a) もちます　_____　　b) つかいました　_____

c) およぎませんでした　_____　　d) うりませんでした　_____

e) かえりません　_____　　f) きります　_____

g) まちます　_____　　h) でかけます　_____

i) ききませんでした　_____　　j) すわりません　_____

k) あそびました　_____　　l) できました　_____

4. Crea una frase con estas estructuras:

a) SUSTANTIVO+んです
_____

b) PERSONA は + LUGAR に/へ + OBJETO を + VERBO EN RAÍZ + に + かえる
_____

c) VERBO 1 (て) + VERBO 2
_____

d) VERBO (て) + いる
_____

e) VERBO (て) + もいいですか
_____

f) PERSONA + は + PARTE DEL CUERPO + が + ADJETIVO + です
_____

聞き取り・ききとり

Comprensión auditiva

1. Escucha las siguientes palabras y escríbelas:

a) _____

b) _____

c) _____

d) _____

e) _____

2. Escucha las siguientes frases y escríbelas:

a) _____

b) _____

c) _____

d) _____

e) _____

3. Escucha el audio y responde a las preguntas:

a) _____

b) _____

c) _____

d) _____

e) _____

4. Elige la opción correcta:

a)   1.   2.   3.   4.

b)   1.   2.   3.   4.

c)   1.   2.   3.   4.

d)   1.   2.   3.   4.

e)   1.   2.   3.   4.

日本文化・にほんぶんか

Cultura japonesa

Grandes obras de la literatura japonesa

En esta página encontramos una ilustración de la gran dama Murasaki Shikibu, autora del conocido *Genji Monogatari*, obra del año 1000 aproximadamente, considerada por muchos la novela más antigua de la historia. Aunque debido a su antigüedad hay dudas de su autoría y de la realidad de los hechos, la novela sirve para conocer la mentalidad, vestimenta y, en general, la vida diaria del periodo Heian, famoso por su predilección por el arte, la belleza, la poesía, etc. Sei Shonagon fue otra mujer que, con *El libro de la almohada*, nos llevó a una época muy cercana a la que vivió su compatriota Murasaki Shikibu, esta vez desde un punto de vista más personal.

Chikamatsu Monzaemon es otro destacable autor que escribió una serie de textos dedicados a los «suicidios por amor», historias de trágico final en las cuales los amantes deciden que la única forma de estar juntos es morir juntos. Las obras *Los amantes suicidas de Amijima* y *Los amantes suicidas de Sonezaki*, aunque trágicas, muestran una realidad que se daba en la segunda mitad del s. XVII y principios del XVIII.

Si nos aproximamos a la literatura contemporánea, algunos de los autores más relevantes son: Natsume Soseki, Junichiro Tanizaki, Yasunari Kawabata, Yukio Mishima y Kenzaburo Oe. Y entre los autores más actuales destacan Haruki Murakami y Banana Yoshimoto. Te recomendamos que leas a estos autores y a otros que vayas descubriendo, ya que aportan puntos de vista muy distintos a los que acostumbramos a leer en Occidente y te revelarán maravillosas historias. Las traducciones al español las puedes encontrar en cualquier librería.

Diálogo

ももこさんとかいりさんのデートの日です。

ももこ：デートの日だ！

かいり：しずかな人じゃないね。。。

ももこ：しんぱいしない。大好(だいす)きだよ。

かいり：私(わたし)も。じゃあ。。。どこに行(い)く？

ももこ：喫茶店(きっさてん)にコーヒーとケーキを食(た)べに行って、映画(えいが)を見(み)る。九時(じ)に、帰(かえ)る。

かいり：すごいね！あっ！その人はアルテゥーロだ？

ももこ：そうだ！アルテゥーロくん！

アルテゥーロ：おっ！ももこさん、かいりさん、元気ですか。

ももこ：すごく元気です！今日はデートの日です。

アルテゥーロ：かわいい！楽(たの)しいですか。

かいり：いま喫茶店(きっさてん)に行きます。アルテゥーロくんはどこに行くんですか。

アルテゥーロ：えっと。。。十二時に友(とも)だちに会(あ)いますから、ここにいるんです。。

ももこ：好(す)きな友だちなんですか。

かいり：ももこ！

アルテゥーロ：大丈夫(だいじょうぶ)です。はい。。。好きなんです。男の人なんです。私(わたし)はパーティーでこの人と話(はな)して、電話(でんわ)でも話しました。今日はデートです。

かいり：男、女。。。大丈夫です。へんじゃありません。

アルテゥーロ：ありがとうみんな！

ももこ：楽(たの)しんでくださいね。

アルテゥーロ：ももこさんもかいりさんも楽しんでください！

Vocabulario extra:

デート - Cita
しんぱいする - Preocuparse
すごい - Sorprendente/impresionante
そうだ - Así es
たのしんでください (楽しむ・たのしむ) - Diviértanse, por favor

会話・かいわ

Español

Es el día de la cita de Momoko y Kairi.

Momoko: ¡ES NUESTRO DÍA DE CITAAAA!
Kairi: No eres una persona callada...
Momoko: No te preocupes. Te amo.
Kairi: Yo también. Bueno, ¿dónde vamos?
Momoko: Iremos a comer tarta y café a una cafetería y después a ver una película. A las nueve volvemos a casa.
Kairi: ¡Estupendo! ¡Ah! ¿Esa persona no es Arturo?
Momoko: ¡Eso es! ¡ARTUROOO!
Arturo: ¡Oh! Momoko, Kairi, ¿qué tal?
Momoko: ¡Superbién! Hoy tenemos una cita.
Arturo: ¡Qué lindas! ¿La pasan bien?
Kairi: Ahora vamos a una cafetería. ¿Adónde vas tú?
Arturo: Pues... Como quedé a las 12 con un amigo, aquí estoy.
Momoko: ¿Un amigo que te gusta?
Kairi: ¡Momoko!
Arturo: No pasa nada. Sí..., me gusta. Es que es un chico. En la fiesta hablé con él y también por teléfono. Hoy... tenemos una cita.
Kairi: Hombre, mujer, no pasa nada. No es raro.
Arturo: ¡Gracias, chicas!
Momoko: Pásala genial, ¿de acuerdo?
Arturo: ¡Ustedes también pásenla bien!

漢字ファイト！・かんじファイト！

¡Pelea de kanjis!

Nº	Kanji	Lectura on	Lectura kun	Palabras
46	多 Abundante, frecuente (6)	た	おお	多分・たぶん - Quizá 多い・おおい - Abundante (adj.-い)
47	大 Grande (3)	たい だい	おお	大きい・おおきい - Grande (adj.-い) 大人・おとな - Adulto 大学・だいがく - Universidad 大丈夫・だいじょうぶ - Está bien 大好き・だいすき - Encantar/Amar (adj.-な) 大切・たいせつ - Importante (adj.-な)
48	安 Barato, relajado, pacífico (6)	あん	やす	安い・やすい - Barato (adj.-い) 安全・あんぜん - Seguro (adj.-な)
49	小 Pequeño (3)	しょう	ちい こ	小さい・ちいさい - Pequeño (adj.-い) 小雨・こさめ - Lluvia fina
50	少 Poco (4)	しょう	すく すこ	少し・すこし - Un poco (adv.) 少ない・すくない - Un poco (adj.-い)
51	長 Largo, superior, líder (8)	ちょう	なが	長い・ながい - Largo (adj.-い) 長男・ちょうなん - Primogénito 長女・ちょうじょ - Primogénita
52	青 Azul (8)	せい	あお	青い・あおい - Azul (adj.-い) 青・あお - Azul (sust.)
53	赤 Rojo (7)	せき	あか	赤い・あかい - Rojo (adj.-い) 赤・あか - Rojo (sust.) 赤ちゃん・あかちゃん - Bebé

漢字ファイト！・かんじファイト!

¡A practicar!

1. ¿Cómo se leen las siguientes palabras? Subraya la correcta:

a) 五つ	1) いつす	2) いつつ	3) いすす	4) むつ
b) 大人	1) おとうな	2) おとない	3) おとな	4) あとな
c) 長男	1) ちょうなん	2) ちょっなん	3) ちょなん	4) ちゅなん
d) 小さい	1) ちいさい	2) ちさい	3) ちいさ	4) らいさい
e) 多い	1) あおい	2) おい	3) おおい	4) おうい
f) 二人	1) ふたり	2) ふだり	3) ぶたり	4) ふうたり
g) 上手	1) じょうす	2) じょす	3) じょず	4) じょうず
h) 青い	1) あおい	2) おい	3) おおい	4) おうい

2. Escribe en hiragana los siguientes kanjis:

a) 大学　_____

b) 大丈夫　_____

c) 多分　_____

d) 長男　_____

e) 土よう日　_____

f) 一日中　_____

3. Traduce las siguientes frases al español y escribe los kanjis en hiragana:

a) お母さんは日本ごの先生です。
_____

b) 月よう日に安いたべものをかいました。
_____

c) テーブルの上に女の子がいます。
_____

d) わたしは赤ちゃんじゃありません。大人です。
_____

e) お父さんのくるまは青いです。小さいです。
_____

Lectura y escritura

1. Lee el siguiente diario. 日記を読んでください。

二〇一九年八月三日（金）
今日もあつい。毎日あつい。スペインはとてもあつい。でも、コルドバはすごくあつい。スペインが好きだ。しかし、あつい所が好きじゃない。多分八月はわるい月だ。十一月に日本に帰る。多分十月と十一月はちょっとさむい。

コルドバに住んでいる。大きいアパートだ。とてもきれいだ。このアパートにメキシコ人の女の人と住んでいる。名前はサラだ。「さら」はスペイン語で「PLATO」だ。だから、ちょっとへんな名前だね。

月よう日から金よう日までスペイン語のクラスに行く。九時から午後三時まで。クラスはおもしろい。しかし、日本のひるごはんの時間は午後十二時だから、その時間におなかがすいている。でも三時までクラスにいる。それが大きらいだ。スペインのスケジュールと日本のスケジュールはとてもちがうだ。

十一月二十五日に日本に帰るから、ハロウィンにはここにいる。十月三十一日に友だちとパーティーに行く。パーティーはコルドバの川の近くだ。安いレストランだ。コルドバとセビリアの友だちが来るから、楽しい。スペインにたくさん友だちがいる。
いまサルモレホを食べている。おいしいよ！コルドバの有名な食べものはサルモレホとフラメンキンとパステル・コルドベスだ。日本の食べものはおいしいだが、スペインの食べものはとてもおいしい。大好きだ！

書きと読み・かきとよみ

2. Responde a las preguntas. しつもんにこたえてください。

a) サルモレホ、フラメンキン、パステル・コルドベスとセビリアはなんですか。
_____

b) パーティーはいつですか。
_____

c) いつ日本にかえりますか。
_____

d) だれとすんでいますか。
_____

e) いまさむいですか。
_____

3. Intenta escribir tu propio diario. にっきをかいてください。

_____
_____
_____
_____
_____
_____
_____
_____
_____
_____

Vocabulario extra:

ねん(年) - Año
アパート - Departamento
メキシコ - México
クラス - Clase
じかん(時間) - Hora/Tiempo

しかし - Sin embargo
スケジュール - Horario
おなかがすく - Tener hambre
ちがう - Diferente (sustantivo)
ハロウィン - Halloween
が、- Pero

Examen

1. ¿Cómo se leen las siguientes palabras? Subraya la correcta:

a) 大きい　　1) おうきい　　2) おおきい　　3) おさいい　　4) おさい

b) 日本　　　1) にほん　　　2) こはん　　　3) にはん　　　4) こほん

c) 水　　　　1) みす　　　　2) みず　　　　3) みつ　　　　4) みづ

d) 多分　　　1) たふん　　　2) たぶん　　　3) たぶえ　　　4) たふえ

e) 天気　　　1) げんき　　　2) てんさ　　　3) でんき　　　4) てんき

f) 山　　　　1) やま　　　　2) やも　　　　3) ゆま　　　　4) ゆも

g) 左　　　　1) みぎ　　　　2) ひだり　　　3) にし　　　　4) ひがし

h) お金　　　1) おうかね　　2) おかあね　　3) おかね　　　4) あかね

2. Elige la palabra que completa la frase:

a) デパートに（　　　）、かいものをしました。

1) のぼって　　2) して　　3) かって　　4) いって

b) げんかんでくつを（　　　）ください。

1) ぬいで　　2) とって　　3) はいって　　4) きて

c) マリアさんはわたしの（　　　）です。

1) ともだち　　2) 人　　3) くるま　　4) のみもの

3. Completa las frases con la partícula correcta:

a) としょかん（　　　）本（　）よみます。

b) て（　　　）たべます。

c) ロマ（　　）パスタ（　　）たべ（　　）きました。

d) 一じ（　　）二じ（　　）レストラン（　）はたらきません。

e) わたし（　　）ホセさん（　　）みせ（　　）いきます。

4. Crea una frase ordenando estas palabras:

a) で・を・しました・かいもの・デパート

b) の・は・です・本・か・ペパ・さん・どれ

c) を・に・もって・パーティー・きました・のみもの

154

テスト

d) じゃ・の・と・じしょ・は・わたし・ありません・あそこ・じてんしゃ

5. Elige el kanji/katakana correcto:

a) ちち	1) 父	2) 校	3) 母	4) 枚
b) ひ	1) 日	2) 目	3) 耳	4) 月
c) め	1) 日	2) 目	3) 耳	4) 月
d) こ	1) 子	2) 好	3) 人	4) 安
e) たくしい	1) タクシー	2) タけシー	3) タクツー	4) ダクシー
f) ほてる	1) ホテレ	2) ホデル	3) ホテロ	4) ホテル
g) はんかち	1) ハンカチ	2) ハソカチ	3) ハンカ千	4) ハンサチ
h) かわ	1) 川	2) 山	3) 小	4) 手

6. Elige la frase que tenga el mismo significado:

a) みせではたらきます。
    1. みせでのみます。
    2. みせでしごとをします。
    3. みせでたべます。

b) 七月に日本にきました。
    1. 日本にいます。
    2. 日本にいません。
    3. 日本にあります。

c) さとしさんはわたしのおじさんです。
    1. さとしさんはお母さんのお父さんです。
    2. さとしさんはお母さんのおにいさんです。
    3. さとしさんはお母さんのおねえさんです。

d) これはナタリアさんのくるまです。
    1. ナタリアさんはくるまがありません。
    2. ナタリアさんはくるまがいます。
    3. ナタリアさんはくるまがあります。

TEMA 7
¡No!

第七課
だめだ!

VOCABULARIO

「いろいろな単語(いろいろなたんご)」 Vocabulario variado

きっぷ (切符) - Ticket/pasaje/entrada
ごみ - Basura
ごみばこ (ごみ箱) - Bote de basura
しゅくだい (宿題) - Tarea
フォーク - Tenedor
スプーン - Cuchara
ナイフ - Cuchillo
はし (箸) - Palillos
しゃしん (写真) - Foto
うわぎ (上着) - Chamarra
りょこう (旅行) - Viaje

「所(ところ)」 Lugares

バスてい (バス停) - Parada de autobús
えき (駅) - Estación
えいがかん (映画館) - Cine
エレベーター - Elevador
うみ (海) - Mar
びじゅつかん (美術館) - Museo de arte
はし (橋) - Puente

単語・たんご

「Pronombres」

あなた・きみ (君) - Tú
ぼく・おれ (僕・俺) - Yo (hombres)
あたし - Yo (mujeres)

*Añadiendo たち se construye el plural.
わたし＋たち＝わたしたち Nosotros/as

「季節(きせつ)」Estaciones del año

はる (春) - Primavera
なつ (夏) - Verano
あき (秋) - Otoño
ふゆ (冬) - Invierno

くも (雲) - Nube
くもり(曇り) - Nublado
はれ (晴れ) - Soleado
あめがふる (雨が降る) - Llover
ゆきがふる (雪が降る) - Nevar

「危険(きけん)なシチュエーション」Situaciones de peligro

もう - Ya
だめ - ¡NO!
やめて！ - ¡PARA!
いみ (意味) - Significado
いりぐち (入口) - Entrada
でぐち (出口) - Salida
きけん (危険) - Peligro
こわいです。 - Tengo miedo
病院(びょういん)につれていってください。 - Por favor, llévame a un hospital.
交番(こうばん)につれていってください。 - Por favor, llévame a la comisaría.
ストーカーがいるとおもいます。 - Creo que hay un acosador.

LA GRAMÁTICA DE HOY

1. Estructuras con forma て (PARTE 2)

En temas anteriores hemos visto estructuras que pueden crearse con la forma て. Revisemos de nuevo dicha conjugación antes de abordar esta cuestión. Recuerda que la estudiamos en el tema 5.

Verbos る: cambiamos る por て

Verbos う: tabla

い	→	って	あう → あいます → あって (encontrarse)
ち	→	って	まつ → まちます → まって (esperar)
り	→	って	かえる → かえります → かえって (volver)
み	→	んで	のむ → のみます → のんで (beber)
び	→	んで	あそぶ → あそびます → あそんで (jugar)
に	→	んで	しぬ → しにます → しんで (morir)
き	→	いて	かく → かきます → かいて (escribir)
ぎ	→	いで	およぐ → およぎます → およいで (nadar)
し	→	して	はなす → はなします → はなして (hablar)
*いきます	→	いって	いく (ir)

Los verbos irregulares tienen su forma particular:

する → します → して (hacer)

くる → きます → きて (venir)

Además, hay tres formas más que se unen a las cuatro que estudiamos en el tema 5:

- **Prohibición 「～てはいけません」**

Con esta estructura expresaremos que algo está prohibido por alguna norma o ley. No se usará para no dar permiso, sino, por ejemplo, para indicar las normas en clase, en un museo o por la calle.

Ejemplos:

びじゅつかんでしゃしんをとってはいけません。

Está prohibido tomar fotos en el museo.

クラスでねてはいけません。

Está prohibido dormir en clase.

今日の文法・きょうのぶんぽう

本をかりてはいけません。
Está prohibido tomar prestados los libros.

- **Aún no...「まだ〜ていません」**

La traducción de esta estructura sería «Aún no he....», es decir, expresa que aún no hemos hecho la acción descrita.

Ejemplos:

きっさてんへコーヒーをかいにまだいっていません。
Aún no he ido a la cafetería a comprar café.

ひるごはんをまだたべていません。
Aún no he comido el almuerzo.

こんしゅう、日本ごをまだべんきょうしていません。
Aún no he estudiado japonés esta semana.

Lo contrario sería «もう + Verbo (pasado)», que indicaría que ya se hizo la acción.

Ejemplos:

しゅくだいをもうしましたか。
¿Has hecho ya la tarea?

--> いいえ、まだしていません。
No, aún no la he hecho.

--> はい、もうしました。
Sí, ya la hice.

- **Después de...「〜てから、」**

Por último, usaremos esta fórmula para expresar que realizaremos una acción después de aquella que va con la forma て.

$$\boxed{\text{V1てから、V2}}$$

Ejemplos:

あさごはんをたべてから、クラスにいきます。
Después de desayunar, iré a clase.

こうえんでともだちとはなしてから、レストランへいきました。
Después de hablar con mi amigo en el parque, fuimos a un restaurante.

LA GRAMÁTICA DE HOY

■ **Antes de...「~まえに、」**

En el punto anterior vimos cómo transmitir el hecho de realizar una acción después del verbo en forma て. Ahora usaremos la expresión contraria: cómo transmitir el hecho de realizar una acción ANTES de la que se expresa en el primer verbo, que pondremos en forma corta. También puede usarse con sustantivos añadiendo la partícula の.

> Verbo (forma corta presente afirmativo) + まえに + acción 2

Ejemplos:
　　あさごはんをたべるまえに、クラスにいきます。
　　Antes de desayunar, iré a clase.

　　日本にいくまえに、日本ごをべんきょうしました。
　　Antes de ir a Japón, estudié japonés.

> Sustantivo + の + まえに + acción 2

Ejemplo:
　　クラスのまえに、あさごはんをたべましょう！
　　¡Desayunemos antes de clase!

2.「なります」

El verbo なります significa «llegar a ser/convertirse» y expresa cambios. Por ello lo usamos no solo como un verbo, sino como un elemento que, unido a un adjetivo o un sustantivo, expresa una transformación.

> Adjetivo い → eliminamos la い y añadimos く + なります

さむい	→	さむくなります
あつい	→	あつくなります
つまらない	→	つまらなくなります
むずかしい	→	むずかしくなります

> Adjetivo な/Sustantivos → añadimos partícula に + なります

元気	→	元気になります
しずか	→	しずかになります
がくせい	→	がくせいになります
よる	→	よるになります

今日の文法・きょうのぶんぽう

Ejemplos:

きょねん、日本ごのがくせいになりました。
El año pasado me convertí en alumno de japonés.

おねえさんがいませんから、うちはしずかになりました。
Como mi hermana no está, la casa se quedó/volvió tranquila.

ESPAÑOL	PRESENTE + CORTA	PASADO + CORTA	PRESENTE - CORTA	PASADO - CORTA
VARIADO				
TRANQUILO				
FRESCO				
GRANDE				
LIMPIO				
ODIAR				
BULLICIOSO				
INTERESANTE				
CORTO				
ALTO				
BARATO				
HABILIDOSO				
MALO				

¡A PRACTICAR!

1. Traduce las siguientes frases al japonés:

a) Esta mañana hacía fresco. Pero ahora se ha vuelto caluroso.

b) Desde el año pasado Pedro se ha vuelto una persona callada.

c) Se ha hecho de noche, me voy a casa.

d) Está prohibido tomar fotos en la tienda.

e) Aún no he hecho la tarea de la escuela... ¿Por qué no la hacemos en tu casa?

f) Después de leer cada noche, me duermo.

g) Antes de ir a comer a un restaurante, agarra dinero, por favor.

h) ¡Vamos a ir a comprar zapatos!

i) Tengo amigos italianos.

j) Llegaré a ser estudiante de ruso.

2. Traduce las siguientes frases al español:

a) すみません、ここでビールをのんではいけません。

b) まだあさごはんをたべていません。

c) マドリッドにいってから、レオンにいきました。

d) パソコンをかうまえに、ともだちとはなします。

e) きのういかなかったから、今日いく。

練習！練習！・れんしゅう！れんしゅう！

f) たいていバスでいくから、あしたのパーティーにいかない。

g) どうしたんですか。

h) きんちょうしている。いまうちにいく

i) そうじしてください！たくさんごみがある。

j) ちょっとこわいから、こうばんにいきましょう。

3. Traduce las siguientes palabras:

a) Estar preocupado

b) Pulsar

c) Ordenar

d) おりる

e) あめがふる

f) びじゅつかん

4. Crea una frase con estas estructuras:

a) Sustantivo + の + まえに + acción 2

b) まだ～ていません

c) V1てから、V2

d) Vてはいけません

e) ADJ. + なる

f) SUST. + なる

聞き取り・ききとり

Comprensión auditiva

1. Escucha las siguientes palabras y escríbelas:

a) _____

b) _____

c) _____

d) _____

e) _____

2. Escucha las siguientes frases y escríbelas:

a) _____

b) _____

c) _____

d) _____

e) _____

3. Escucha el audio y responde a las preguntas:

a) _____

b) _____

c) _____

d) _____

e) _____

4. Elige la opción correcta:

a) 1. 2. 3. 4.

b) 1. 2. 3. 4.

c) 1. 2. 3. 4.

d) 1. 2. 3. 4.

e) 1. 2. 3. 4.

日本文化・にほんぶんか

Cultura japonesa

Educación en Japón

El sistema educativo japonés únicamente se parece al mexicano en el sistema de niveles y en los años obligatorios. La forma de enseñar es tremendamente diferente. En esta página abordaremos cómo se estructuran los niveles.

La educación obligatoria en Japón comienza a los 6-7 años con el しょうがっこう (小学校), que equivale a la educación primaria en México. A los 12 años aproximadamente se inicia lo que sería nuestra secundaria, llamada ちゅうがっこう (中学校), que supondrá el final de la educación obligatoria con 15 años. A partir de ese momento la persona puede decidir continuar con el こうとうがっこう (高等学校), lo que sería nuestro bachillerato, que en Japón dura tres años, y de ahí pasar a una formación profesional o una universidad, entre otras opciones.

Sin embargo, los requisitos y trámites para llegar a la universidad y «sobrevivir» a los años de bachillerato son extremadamente estresantes, lo que convierte los estudios en una pesada carga para los jóvenes, que a menudo no lo soportan y toman la vía fácil. Esta puede ser, a veces, la vida al margen de la sociedad, llegando a ser un ひきこもり o, en los casos más extremos, acabando con su vida. Se trata de un problema psicológico para muchos estudiantes que no se aborda a tiempo, sino que, por el contrario, aumenta mientras se fuerza la máquina hasta que esta no puede más.
Si vives una situación parecida, si te sientes identificado, busca ayuda profesional o en tu entorno más cercano. No estás solo.

Diálogo

あゆみ先生はももこさんにクラスで会(あ)います。

あゆみ先生： 今日、あなたはクラスをそうじしていますか。

ももこ： はい、そうです。クラスをそうじしてから、映画館(えいがかん)に行(い)きます。

あゆみ先生： そうですか。楽(たの)しんでください！

ももこ： はい！ありがとう、先生。

高校(こうこう)の道(みち)に、知(し)らない人がいます。

知らない人： ええぇ！！お姉(ねえ)さん！ねえええ！おい！

ももこ： 。。。

知らない人： 私(わたし)とたばこをすって！お金、ある？？？ねえ！！

きゅうに、あゆみ先生がきます。

あゆみ先生： えっ！だれですか。ここは高校です！もうけいさつを電話(でんわ)しました。やめて！

ももこ： 先生！！！こわいです！ストーカーがいると思(おも)います。

あゆみ先生： わかります、ももこ、大丈夫(だいじょうぶ)、私はここです。

ももこ： 先生、どうしますか。

あゆみ先生： その知らない人がもういません。大丈夫です。

ももこ： でもとてもしんぱいです。。。今(いま)、一人で行きます。。。

あゆみ先生： いいえ、今こうばんに行きましょうね。

ももこ： こうばん？どうして？

あゆみ先生： けいさつにこれをせつめいしましょう。

ももこ： はい。

Vocabulario extra:

しらない人 - Desconocido
みち - Calle, camino
きゅうに - De repente
けいさつ - Policía
どうしますか - ¿Qué hacemos?
こうばん - Comisaría
どうして - ¿Por qué?
せつめいする - Explicar

会話・かいわ

Español

La profesora Ayumi se encuentra a Momoko en la clase.

Prof. Ayumi: ¿Hoy estás limpiando tú?
Momoko: Sí, así es. Después de limpiar el aula, me voy al cine.
Prof. Ayumi: ¿Ah, sí? ¡Pásala bien!
Momoko: ¡Sí! Gracias, profesora.

En la calle del bachillerato hay una persona desconocida.

Desconocido: ¡¡EEEH!! ¡¡¡JOVENCITA!!! ¡EEEH! ¡¡OYE!!
Momoko: ...
Desconocido: ¡¡VEN A FUMAR CONMIGO!! ¿TIENES DINERO? ¡OYE!

De repente, llega la profesora Ayumi.

Prof. Ayumi: ¡EH! ¿QUIÉN ERES? ¡ESTO ES UN BACHILLERATO! ¡YA LLAMÉ A LA POLICÍA! ¡PARA!
Momoko: ¡¡¡PROFESORA!!! ¡Qué miedo! Creo que hay un acosador.
Prof. Ayumi: Lo sé, Momoko, no pasa nada, estoy aquí.
Momoko: Profesora, ¿qué hacemos?
Prof. Ayumi: Ya no está ese desconocido. No pasa nada.
Momoko: Pero estoy muy preocupada... Ahora me voy sola...
Prof. Ayumi: No, ahora vayamos a comisaría, ¿de acuerdo?
Momoko: ¿A comisaría? ¿Por qué?
Prof. Ayumi: Vayamos a explicarles esto a los policías.
Momoko: Está bien.

漢字ファイト！・かんじファイト！

¡Pelea de kanjis!

Nº	Kanji	Lectura on	Lectura kun	Palabras
54	高 Alto, caro (10)	こう	たか	高い・たかい - Alto/caro 高校・こうこう - Bachillerato
55	新 Nuevo (13)	しん	あたら	新しい・あたらしい - Nuevo 新聞・しんぶん - Periódico
56	古 Viejo (5)	こ	ふる	古い・ふるい - Viejo (objetos) 古着・ふるぎ - Ropa de segunda mano
57	白 Blanco (5)	はく、びゃく	しろ、しら	白・しろ - Blanco (sust.) 白い・しろい - Blanco (adj.) 白鳥・はくちょう - Cisne 面白い・おもしろい - Interesante/divertido
58	何 Qué (7)	か	なに、なん	何・なん/なに - Qué 何時・なんじ - Qué hora 何か・なにか - Algo 何も・なにも - Nada
59	私 Yo, privado (7)	し	わたくし、わたし	私・わたし - Yo 私たち・わたしたち - Nosotros 私立・しりつ - Privado
60	名 Nombre (6)	めい、みょう	な	同名・どうめい - Homónimo 名字・みょうじ - Apellido 有名・ゆうめい - Famoso 名前・なまえ - Nombre
61	前 Antes, delante (9)	ぜん	まえ	前・まえ - Delante 午前・ごぜん - A.M. 前日・ぜんじつ - Día previo

漢字ファイト！・かんじファイト!

¡A practicar!

1. ¿Cómo se leen las siguientes palabras? Subraya la correcta:

a) 半分	1) はんぷん	2) はんぶん	3) じゃんぶん	4) じゃんぷん
b) 天気	1) てんき	2) でんき	3) でんぎ	4) てんぎ
c) 多い	1) おうい	2) おおおい	3) おおい	4) おおうい
d) 火よう日	1) かいようび	2) かじょび	3) かじょうび	4) かようび
e) 前日	1) せんじつ	2) ぜんじつ	3) せんにち	4) ぜんにち
f) 下手	1) へだ	2) へた	3) べた	4) べだ
g) 左右	1) さいゆう	2) さゆう	3) さじゅう	4) さじゅ
h) 安い	1) やすい	2) じゃすい	3) やずい	4) じゃずい

2. Escribe en hiragana los siguientes kanjis:

a) 長い _____

b) 小さい _____

c) 高い _____

d) 新しい _____

e) 古い _____

f) 赤い _____

3. Traduce las siguientes frases al español y escribe los kanjis en hiragana:

a) 私は金よう日に新しいレストランにいきます。
_____

b) その川は長いですね。
_____

c) 今日の月はすごくきれいです。
_____

d) これは何ですか。
_____

e) 先生は高いとけいがあります。
_____

Lectura y escritura

1. Lee las siguientes normas de clase. クラスのルールを読んでください。

クラスで。。。

＊食べてはいけません。
＊飲ではいけません。
　ー水は大丈夫です。
＊同級生のテストを見てはいけません。

衛生的なルーチン

＊学校に入る前に、手を洗ってください。
＊うわばきをわすれてはいけません。
＊うちから学校までマスクをかけてください。
学校に入ってから、新しいマスクをかけてください。

注意!

＊もう冬になりましたから、気をつけてください。
＊夜になる前に、うちに帰ってください。
＊知らない人とどこかに行ってはいけません。
＊けいさつの電話ばんごうは１２３－４５６－７８９です。

Vocabulario extra:

マスク - Cubrebocas
注意(ちゅうい) - Cuidado
気をつけてください - Ten cuidado, por favor
どこか - Algún lugar
でんわばんごう - Número de teléfono

どうきゅうせい - Compañero de clase
衛生的(えいせいてき) - Higiénico (adj. な)
ルーチン - Rutina
はいる - Entrar
うわばき - Zapatos escolares

書きと読み・かきとよみ

2. Responde a las preguntas. しつもんにこたえてください。

a) クラスでたべてもいいですか。
_____

b) 手をあらってもいいですか。
_____

c) マスクはどこにかけますか。
_____

d) どうきゅうせいのテストをみてもいいですか。
_____

e) よるになる前に、どこにいきますか。
_____

3. Escribe tres cosas que puedes hacer y tres cosas que no puedes hacer en casa:

Examen

1. ¿Cómo se leen las siguientes palabras? Subraya la correcta:

a) ちいさい　　1) 中さい　　2) 大さい　　3) 小さい　　4) 少さい

b) 白い　　　　1) しろい　　2) ひろい　　3) ちいさい　4) しるい

c) 九時　　　　1) きゅじ　　2) くうじ　　3) きゅうじ　4) くじ

d) ぽけっと　　1) パケット　2) ポケット　3) パクット　4) ポクット

e) せんせい　　1) 先祖　　　2) 先週　　　3) 先月　　　4) 先生

f) はは　　　　1) 父　　　　2) 母　　　　3) 花　　　　4) 火

g) 人　　　　　1) いと　　　2) にん　　　3) じん　　　4) ひと

h) あたらしい　1) 祈しい　　2) 漸しい　　3) 新しい　　4) 親しい

2. Elige la palabra que completa la frase:

a) 私は( )たべていません。

1) まだ　　　2) 金よう日　　3) あした　　4) もう

b) クラスでねては( )。

1) いません　2) ありません　3) たべません　4) いけません

c) まい日、あさごはんをたべてから、( )へいく。

1) がこう　　2) がっこう　　3) がっこ　　4) かっこう

3. Completa las frases con la partícula correcta:

a) スプーン（ ）ごはんをたべている。

b) あめ（ ）ふります。

c) ともだち（ ）なりましょう！

d) きっさてん（ ）コーヒー（ ）のみ（ ）いきました。

e) ーすみません、それ（ ）（ ）ですか。　　ー１５００円です。

4. Crea una frase ordenando estas palabras:

a) いきます・私は・きっさてん・かいものに・に

b) で・とって・ここ・しゃしん・いけません・は・を

c) に・手・ください・前・を・たべる・あらって

テスト

d) が・です・バス・なかったん・

e) 先生・に・でした・は・きません・だいがく

5. Elige el katakana correcto:

a) ぺん	1) ペン	2) ペソ	3) ベン	4) ベソ
b) るーる	1) ローロ	2) ロロ	3) ルール	4) フーフ
c) すかーと	1) フカート	2) スカート	3) スケート	4) ツカート
d) ねくたい	1) ネククイ	2) ネタクイ	3) ネケタイ	4) ネクタイ
e) ぱるきんぐ	1) パルキング	2) バルキソク	3) パルキソゲ	4) バレキング

6. Elige la frase que tenga el mismo significado:

a) 今日はいい天気だ！

1. 今日はくもりですね。
2. 今日はあめがふりますね。
3. 今日ははれですね。

b) へやはきれいです。

1. へやをそうじしました。
2. へやはしんぱいでした。
3. へやはいいです。

c) エレベーターをおりました 。

1. いまエレベーターにいます。
2. いまエレベーターにいません。
3. いまエレベーターにのります。

d) ふゆです。

1. いまからあつくなります。
2. いまからさむくなります。
3. いまからたのしくなります。

e) 私ははしでたべません。

1. 私はフォークとスプーンをつかいます。
2. 私ははしをつかいます。
3. 私はたべません。

f) 日本語を勉強します。

1. 私は先生です。
2. 私は学生です。
3. 私は日本語です。

TEMA 8
¡A darlo todo!

第八課
頑張ります！

VOCABULARIO

「いろいろな単語(いろいろなたんご)」Vocabulario variado

にもつ (荷物) - Equipaje/paquete
いけ (池) - Estanque
カメラ - Cámara
ビル - Edificio
たてもの (建物) - Edificio
ざっし (雑誌) - Revista
きょうしつ (教室) - Aula
かびん (花瓶) - Florero
ちず (地図) - Mapa
え (絵) - Imagen/dibujo
しけん (試験) - Examen
やすみ (休み) - Descanso/vacaciones

「食べと飲み（たべとのみ）」 Comer y beber

おべんとう (お弁当) - Obento/tóper
おさけ (お酒) - Alcohol
ぎゅうにく(牛肉) - Ternera
くだもの (果物) - Fruta
おかし (お菓子) - Dulce/snack
カレー - Curry
ぎゅうにゅう (牛乳) - Leche de vaca
とりにく (鳥肉) - Pollo
しょくどう (食堂) - Comedor
コップ - Vaso
カップ - Taza

「仕事 (しごと)」 Trabajo

いしゃ (医者) - Médico
べんごし (弁護士) - Abogado
かいしゃ (会社) - Empresa
かいしゃいん (会社員) - Oficinista/trabajador de oficina
きょうし (教師) - Tutor/educador
しゅふ - Amo de casa

178

単語・たんご

「あげる・くれる・もらう」 Dar・Darme・Recibir

> DADOR + は + RECIBIDOR + に + OBJETO + を + あげる

Ej: マリアさんはペペさんにペンをあげます。　María da un bolígrafo a Pepe.

> DADOR + は + (YO) + に + OBJETO + を + くれる

Ej: お母さんは私にプレゼントをくれました。　Mi madre me dio un regalo.

> RECIBIDOR + は + DADOR + に/から + OBJETO + を + もらう

Ej: 私はお母さんにプレゼントをもらいました。　Yo recibí un regalo de mi madre.

Verbos con varios significados

かける - Verbo る, tiene 3 significados muy diferentes.

かぎをかける。- Echar la llave.
でんわをかける。- Hacer una llamada.
めがねをかける。- Ponerse los lentes.

みがく - Cepillar también tiene 3 significados, pero realmente todos significan «cepillar».

かみをみがきます。- Cepillar el pelo.
はをみがきます。- Cepillar los dientes.
くつをみがきます。- Cepillar los zapatos (pulir).

LA GRAMÁTICA DE HOY

1. Como, porque / から・ので・し

Comenzamos este tema con tres conectores que, aunque significan lo mismo (expresar motivos o razones), tienen ciertas diferencias de construcción que debemos tener en cuenta a la hora de usarlos.

- ### から

Características:

- Antes de から puede ir una forma corta o larga, es indiferente.

しゅくだいがありますから ＝ しゅくだいがあるから

- Puede ir a final de frase o antes de coma.
- Solo se puede expresar un motivo o una razón por frase.

Ejemplos:

    しゅくだいがありますから、きっさてんにいきません。
    Como tengo tarea, no iré a la cafetería.

    きっさてんにいきません。しゅくだいがありますから 。
    No iré a la cafetería. Porque tengo tarea.

- ### ので

Características:

- Es ligeramente más formal que から.
- Solo puede ir precedido de una forma corta.
- Si va después de un sustantivo o de un adjetivo な, se añadirá la sílaba な.
- Solo se puede expresar un motivo o una razón por frase.

Ejemplos:

    しゅくだいがあるので、いまべんきょうしています。
    Como tengo tarea, ahora estoy estudiando.

    むずかしいしけんなので、まい日べんきょうします。
    Como es un examen difícil, estudio todos los días.

- ### し

Características:

- Permite encadenar varios motivos o razones.
- Solo admite la forma corta antes de し.

今日の文法・きょうのぶんぽう

- Si antes de し hay un adjetivo な o un sustantivo, mantendremos です en forma corta.
- Puede ir al final de una frase o antes de una coma.

Ejemplo:

むずかしいしけんだし、先生はきびしいし、まい日べんきょうします。

Como el examen es difícil, como el profesor es estricto, estudiaré cada día.

*きびしい: estricto

2. Gustar · Odiar · Ser hábil · Ser inútil / すき・きらい・上手・下手

Aunque en otros temas lo hemos visto de forma superficial, vamos a ver el uso concreto de estos cuatro adjetivos tipo な. Los dos primeros se corresponden en español con los verbos gustar y odiar.

■ Me gusta/Me disgusta... すき・きらい

Sustantivo + が + すきです　　　パンがすきです。　　　Me gusta el pan.
Sustantivo + が + きらいです　　むしがきらいです。　　Me disgustan los bichos.

Si lo que nos gusta u odiamos es un verbo (p. ej.: Me gusta caminar), tendremos que SUSTANTIVAR el verbo. En español, sería como cambiar «comer» por «el comer». Y esa sustantivación la haremos añadiendo la partícula の detrás del verbo en forma corta.

Verbo (forma corta) + の + が + すきです
でんわするのがすきです。　　　　Me gusta llamar por teléfono.

Verbo (forma corta) + の + が + きらいです
うんどうするのがきらいです。　　Me disgusta hacer ejercicio.

Por último, podemos expresar un sentimiento neutro con la expresión:

すきでも、きらいでも、ないです。　　Ni me gusta ni me disgusta.

■ Soy bueno/malo en... 上手・下手

Con la misma construcción que antes, podemos hablar de ser habilidoso o inútil en algo. De la misma forma, no debemos usar «ser inútil» para referirnos a otras personas; como mucho, podemos decir que «no es habilidosa», aunque, igual que en español, podría ofenderse. En japonés, por norma general, debemos tener mucho cuidado al hablar de los demás, ya que es muy fácil cometer una falta de educación, aunque sea leve.

Al contrario que el dúo すき・きらい, aquí no usaremos «大» para expresar «muy», sino que usaremos とても o すごく, como con los demás adjetivos.

LA GRAMÁTICA DE HOY

Sustantivo + が + 上手です　　日本ごが上手です。　　Soy hábil en japonés.
Sustantivo + が + 下手です　　日本ごが下手です。　　Soy inútil en japonés.

Verbo (forma corta) + の + が + 上手です　　　　Soy hábil memorizando kanjis.
かんじをおぼえるのが上手です。

Verbo (forma corta) + の + が + 下手です　　　　Soy mala nadando.
およぐのが下手です。

3. Relativas / 名詞修飾 (めいししゅうしょく)

Esta cuestión gramatical merece mucha atención y, lo más importante, mucha práctica. Las llamamos relativas porque en español las traduciremos usando los pronombres relativos: que, el cual, el que, etc. También toman otros nombres, como «frases de sustantivo central», «modificadores de sustantivo»...

Nos podemos encontrar las frases relativas en dos casos:

- Cuando identificamos una relativa en japonés.
- Cuando traducimos una relativa del español al japonés.

Primero nos acomodaremos traduciendo del español al japonés, y cuando hayamos dominado este primer paso será mucho más fácil identificarlas en textos en japonés. Vamos con el proceso de traducción al japonés:

Ejemplo:
　　　　La persona que está leyendo un libro es mi madre.

Paso 1: Identificar las 3 partes de la frase.
　　　　1. Descripción del sustantivo: que está leyendo un libro.
　　　　2. Sustantivo central: persona.
　　　　3. Resolución: es mi madre.

Paso 2: A continuación los colocamos en japonés en ese mismo orden, teniendo en cuenta que lo que esté antes del sustantivo central tendrá que ir en forma corta y que tendremos que añadir partículas.
　　　　1. (本をよんでいる) que está leyendo un libro.
　　　　2. (人) persona.
　　　　3. (お母さんです) es mi madre.

　　　　Construcción final: 本をよんでいる人はお母さんです。

El uso de la partícula después del sustantivo central tendrá que ver con qué es el sustantivo central (persona, lugar, etc.) y con aquello que haya después de dicho sustantivo. Recuerda que si antes del sustantivo hay un adjetivo tipo な, debemos dejar ese な.

今日の文法・きょうのぶんぽう

Traduce las siguientes frases de relativo al japonés:

1. La mujer que está comiendo pasta es mi amiga.
___

2. El hombre que está escribiendo un email es Pedro.
___

3. La persona que está levantada es guapa.
___

4. El niño que está nadando es mi hermano menor.
___

5. El vestido que estaba en la tienda es rosa.
___

6. La persona que está fotocopiando el cuaderno me gusta.
___

7. La chica que llevaba lentes está comiendo ahora.
___

8. Me gustan las personas a las que les gustan los perros.
___

9. Odio a las personas que fuman.
___

10. El desayuno que como cada día es muy bueno.
___

11. La película que vi ayer es divertida.
___

12. El perro que está sentado encima de mi amigo es muy adorable.
___

¡A PRACTICAR!

1. Traduce las siguientes frases al japonés:

a) Como no tengo dinero, no viajaré.

b) Como antes de venir a clase bebí café, ahora estoy enérgico.

c) Como hay panes variados, como es barato, comeré mucho pan.

d) Como estoy cansado, me voy a la cama.

e) Por favor, gira a la derecha.

f) Ahora estoy conduciendo, lo siento.

g) María está en el comedor, llámala por teléfono.

h) Me gustan los perros, pero me disgustan los gatos.

i) Tengo una cámara muy grande. Está en mi casa.

j) Disculpe, ¿tiene un mapa?

2. Traduce las siguientes frases al español:

a) 私はきょうしつにいったから、しゅくだいをしたんだ。

b) しょくどうにいってから、としょかんにいきました。

c) そのたてものはまだつくっていません。

d) 私はちずをつかうのが下手です。

e) あのかびんの前に私のカップがあります。

練習！練習！·れんしゅう！れんしゅう！

f) 小さいカメラがすきじゃありません。

g) 水がいれていたコップをのみました。

h) これはきょねんかいたえです。

i) 新しいざっしをかいにいく前に、くだものをたべてください。

j) にもつの中にあったおべんとうをたべます。

3. Traduce las siguientes palabras:

a) Estanque

b) Florecer

c) Corto

d) Bajo

e) Ducharse

f) Hospital

4. Crea una frase con estas estructuras:

a) ～んです

b) ～のがすきです

c) まだ～ていません

d) ～ている

e) LUGARにACCIÓNにかえる

f) ～ませんか

聞き取り・ききとり

Comprensión auditiva

1. Escucha las siguientes palabras y escríbelas:

a) _____

b) _____

c) _____

d) _____

e) _____

2. Escucha las siguientes frases y escríbelas:

a) _____

b) _____

c) _____

d) _____

e) _____

3. Escucha el audio y responde a las preguntas:

a) _____

b) _____

c) _____

d) _____

e) _____

4. Elige la opción correcta:

a)   1.   2.   3.   4.

b)   1.   2.   3.   4.

c)   1.   2.   3.   4.

d)   1.   2.   3.   4.

e)   1.   2.   3.   4.

日本文化・にほんぶんか

Cultura japonesa

Religiones

Japón no es un país conocido por su religión católica o por adorar a un dios único y todopoderoso. Las religiones que más corresponden con el «estilo de vida» de los japoneses son el budismo y el sintoísmo (también transcrito como shintoísmo).

El budismo, que ha viajado por toda Asia y del cual existen muchas variaciones y cultos, llega a Japón aproximadamente en el año 550 y se expande por el país. Actualmente, se practica sobre todo en los funerales y en las tradiciones puntuales, como visitas a templos o festividades como el «obon».

Se dice comúnmente que un japonés «nace sintoísta y muere budista» debido a las tradiciones que sigue durante la vida. Aunque se podría decir que en general los japoneses acuden puntualmente a la religión, esta está presente siempre y es un aspecto fundamental en la cultura japonesa y en su modo de entender y vivir la vida.

El sintoísmo, por su parte, se basa principalmente en la naturaleza, el cuidado de los dioses que viven a nuestro alrededor y las tradiciones concretas.

Los templos budistas y los santuarios sintoístas se convierten muchas veces en un mero centro de peregrinaje de turistas que visitan dicho lugar solo por su valor arquitectónico o histórico, más que por un sentimiento asociado a la religión tal y como se vive en otras culturas.

Diálogo

デレックさんは教室に来ます。アルテゥーロさんは教室にいます。

デレック：おはようございます！元気ですか。

アルテゥーロ：じつは。。。元気じゃないです。。。

デレック：えっ！どうしたんですか。

アルテゥーロ：毎日勉強しますが、日本語が下手なんです。

デレック：アルテゥーロさんは上手です！ほんとうに上手です。

アルテゥーロ：いいえ。。。でも、頑張ります。

デレック：私も日本人じゃありません。あなたのシチュエーションがわかります。

アルテゥーロ：でも、デレックさんは日本人ですよ。ここで生まれましたね。

デレック：はい、でも、私はハフです。ほんとうの日本人じゃないですよ。

アルテゥーロ：バカ！あなたはほんとうの日本人ですよ。そして、すごくかっこいいです。

デレック：私？かっこいい？おっ。。。ありがとう。アルテゥーロさんもかっこいいです。

アルテゥーロ：えっと。。。ありがとう。。。

デレック：多分。。。明日。。。いっしょに勉強しませんか。

アルテゥーロ：はい！もちろん！私のいえはいいですか。

デレック：はい！午後四時に行きます。

アルテゥーロ：まだ宿題をしていませんから、いっしょにしましょう。

デレック：勉強してから、公園に行きませんか。

アルテゥーロ：はい、はい！

アルテゥーロさんとデレックさんは公園で話しています。

デレック：アルテゥーロさん、鳥肉が好きですか。

アルテゥーロ：はい、どうしてですか。

デレック：今週の週末、いっしょにばんごはんを食べに行きましょう。

アルテゥーロ：すごいですが、お金があまりありません。。。

デレック：安いレストランですよ。

アルテゥーロ：じゃ、行きましょう！

デレック：ありがとう！

アルテゥーロ：デレックが好きです！

デレック：えっ！！！

アルテゥーロ：いいえ！いいえ！肉！肉が好きです！

会話・かいわ

Español

Derek viene al aula. Arturo está en el aula.

Derek: ¡Buenos días! ¿Qué tal?
Arturo: La verdad es que... no estoy bien.
Derek: ¡Eh! ¿Qué pasó?
Arturo: Estudio cada día, pero soy un inútil en japonés.
Derek: Arturo, ¡eres bueno! Eres realmente bueno.
Arturo: No... Pero me esforzaré.
Derek: Yo tampoco soy japonés. Entiendo tu situación.
Arturo: Pero, Derek, eres japonés. Naciste aquí, ¿no?
Derek: Sí, pero soy mitad japonés. No soy un japonés real.
Arturo: ¡Estúpido! Eres un japonés de verdad. Además, eres guapísimo.
Derek: ¿Yo? ¿Guapo? Oh... Gracias. Tú también eres guapo.
Arturo: Vaya... Gracias.
Derek: Quizá... Mañana... ¿Por qué no estudiamos juntos?
Arturo: ¡Sí! ¡Por supuesto! ¿En mi casa está bien?
Derek: ¡Sí! Iré a las 16 h.
Arturo: Como aún no he hecho la tarea, hagámosla juntos.
Derek: Después de estudiar, ¿por qué no vamos al parque?
Arturo: ¡Está bien, está bien!

Arturo y Derek están hablando en el parque.

Derek: Arturo, ¿te gusta el pollo?
Arturo: Sí, ¿por qué?
Derek: Este fin de semana, vayamos juntos a cenar.
Arturo: Es genial, pero apenas tengo dinero...
Derek: Es un restaurante barato.
Arturo: Entonces, ¡vayamos!
Derek: ¡Gracias!
Arturo: ¡Me gusta Derek!
Derek: ¡¡¡EEEHHH!!!
Arturo: ¡NO! ¡NO! ¡LA CARNE! ¡¡¡ME GUSTA LA CARNE!!!

Vocabulario extra:

ハフ - Mitad (hace referencia a su mitad alemana)

バカ - Tonto, estúpido
かっこいい - Guapo (adj. いい)
シチュエーション - Situación

漢字ファイト！・かんじファイト！

¡Pelea de kanjis!

Nº	Kanji	Lectura on	Lectura kun	Palabras
62	北 Norte (5)	ほく、ほっ	きた	北・きた - Norte 北海道・ほっかいどう - Hokkaidō 北口・きたぐち - Entrada norte
63	南 Sur (9)	なん、な	みなみ	南・みなみ - Sur 南口・みなみぐち - Entrada sur 東南アジア・とうなんアジア - Sudeste Asiático
64	東 Este (8)	とう	ひがし	東・ひがし - Este 東京・とうきょう - Tokio 東北・とうほく - Tōhoku 北東・ほくとう - Noreste 南東・なんとう - Sureste 東口・ひがしぐち - Entrada este 東洋・とうよう - Oriente
65	西 Oeste (6)	せい、さい	にし	西・にし - Oeste 北西・ほくせい - Noroeste 南西・なんせい - Suroeste 西口・にしぐち - Entrada oeste 西洋・せいよう - Occidente
66	午 Tarde (4)	ご	うま	午後・ごご - P.M. 午前・ごぜん - A.M. 午前中・ごぜんちゅう - Durante la mañana
67	後 Detrás, después (9)	ご	あと、うし	後ろ・うしろ - Detrás 午後中・ごごじゅう - Durante la tarde 後・あと - Después 最後に・さいごに - Finalmente
68	肉 Carne (6)	にく	しし	肉・にく - Carne 鳥肉・とりにく - Pollo 牛肉・ぎゅうにく - Ternera 豚肉・ぶたにく - Carne de cerdo
69	好 Gustar (6)	こう	この、す	好き・すき - Gustar (adj. な) 大好き・だいすき - Encantar (adj. な)

漢字ファイト！・かんじファイト！

¡A practicar!

1. ¿Cómo se leen las siguientes palabras? Subraya la correcta:

a) 目	1) ま	2) め	3) み	4) も
b) 多い	1) たたい	2) おうい	3) おおい	4) ああい
c) 後ろ	1) うしろ	2) うじろ	3) あしろ	4) えしろ
d) 古い	1) ふるい	2) ふろい	3) ぶるい	4) たかい
e) 南口	1) なんくち	2) なんぐち	3) みなみくち	4) みなみぐち
f) 新しい	1) あたらしい	2) おたらしい	3) あたちしい	4) みなみぐち
g) 名前	1) ゆめい	2) なまえ	3) なほえ	4) ゆうめい
h) 大好き	1) たいすき	2) たいすさ	3) だいすさ	4) だいすき

2. Escribe en hiragana los siguientes kanjis:

a) 北口 _____

b) 午後 _____

c) 午前中 _____

d) 好き _____

e) 先生 _____

f) 女の人 _____

3. Traduce las siguientes frases al español y escribe los kanjis en hiragana:

a) 私は肉が好きじゃないですから、肉のレストランにいきません。
_____

b) 今日の天気はいいですね。
_____

c) あのデパートを右にまがってください。
_____

d) 水よう日から北口できっぷをかってください。
_____

e) お母さんとお父さんが日本にいます。
_____

Lectura y escritura

1. Lee la siguiente carta. てがみをよんでください。

二〇二〇年十月三日。火よう日。午前一時。

みらいの私へ、

今日は大変な日でした。好きな人はかこの写真を見るました。そのかこは大切です。私はトランスジェンダーです。それはいいことです。今、私はほんとうの私です。でも、私のかこもいいです。しかし、時々、わるい人はわるいことを言います。新しい人に会いました。名前はデレックです。デレックが好きです。

午後七じに、デレックは私のスマートフォンで古い写真をみました。
デレック：この人はだれですか。
私：えっと。。。私です。
デレック：えっ。でも、女の人です。アルテゥーロさんは女性ですか。
その時、私はうちに帰りました。何も言いませんでした。バカ！どうしてせつめいしませんでしたか。
デレックはメッセージをおくりました。
「アルテゥーロさん、ごめん。ももこさんはアルテゥーロさんのシチュエーションをせつめいしました。」

五分後。
「私はバカです。ほんとうに、ごめん。答えてください」

私も答えました。
「大丈夫です。おやすみなさい。」

その夜、私は新しいメッセージをおくりました。
「デレックさん、「私は私です」。スペイン語でそれは大切なことです。かこの私と今の私は同じです。でも、いまの私はほんとうの私です。ずっと男性でした。でも、いまはちょっとちがうです。デレックさんはこれがわかりますか。」
デレックさんは答えませんでした。

みらいの私、今日はさびしいです。

192

書きと読み・かきとよみ

2. Responde a las preguntas. しつもんにこたえてください。

a) アルトゥーロさんはいま元気ですか。
___

b) デレックさんはいつしゃしんをみましたか。
___

c) アルトゥーロさんはだれが好きですか。
___

d) アルトゥーロさんはだれにてがみをかきましたか。
___

e) よる、デレックさんはこたえましたか。
___

3. Escribe una carta a tu «yo del futuro». みらいの私へてがみをかいてください。

___
___
___
___
___
___
___
___
___
___

Vocabulario extra:

みらい - Futuro
たいへん - Duro/difícil (adj. な)
かこ - Pasado
こと - Asunto/tema/cosa
いう - Verbo decir
おもう - Verbo pensar
スマートフォン - Smartphone
そのとき - En ese momento

何も - Nada
せつめいする - Verbo explicar
ちがう - Diferente/diferencia
さびしい - Solo (adj. い)
じょせい - Género femenino
だんせい - Género masculino
おなじ - Lo mismo/igual
トランスジェンダ - Transgénero
ずっと - Siempre, todo el rato

Examen

1. ¿Cómo se leen las siguientes palabras? Subraya la correcta:

a) 三万五千八百一 _____

b) 七月　　　1) ななつき　　2) ななかつ　　3) しちつき　　4) ななげつ

c) お金　　　1) あかね　　　2) おかわ　　　3) おかれ　　　4) おかね

d) 天気　　　1) でんき　　　2) でんぎ　　　3) てんき　　　4) てんぎ

e) 南　　　　1) みなみ　　　2) なみな　　　3) ななみ　　　4) みなな

f) 白い　　　1) しるい　　　2) しろい　　　3) くらい　　　4) ぐらい

g) 後　　　　1) うと　　　　2) えと　　　　3) おと　　　　4) あと

h) 長い　　　1) たかい　　　2) ながい　　　3) くろい　　　4) みじかい

2. Elige la palabra que completa la frase:

a) ここでしゃしんを（　　　　）はいけません

1) かいて　　　2) とって　　　3) たべて　　　4) のんで

b) あそこでパスタをたべて（　　　　）人はマリアさんです。

1) いる　　　　2) ある　　　　3) いろ　　　　4) あろ

c) こうえんの（　　　）にとしょかんがあります。

1) 前　　　　　2) いす　　　　3) くるま　　　4) うち

3. Completa las frases con la partícula correcta:

a) えきのちかく（　　　　）肉やがあります。

b) 日本はちゅうごく（　　　　）右です。

c) 新しいパソコン（　　　）かい（　　　　）いきました。

d) テニスする（　）（　　）下手です。

e) ねこ（　　　　）好きじゃないです。

4. Crea una frase ordenando estas palabras:

a) は・を・かけます・めがね・私

b) 人は・Tシャツ・です・を・いる・きて・ともだち・私の

c) を・かって・へ・から・いきました・くるま・マドリッド

d) まだ・して・を・いません・すみません、・しゅくだい

5. Elige el kanji/katakana correcto:

a) やま	1) 山	2) 出	3) 川	4) 北
b) はは	1) 父	2) 母	3) 海	4) 田
c) すき	1) 奴き	2) 如き	3) 妹き	4) 好き
d) ごご	1) 午役	2) 牛後	3) 午後	4) 牛役
e) ぱーてぃー	1) パーディー	2) パーティー	3) ベーティー	4) バーティー
f) たかい	1) 高い	2) 嵩い	3) 長い	4) 張い
g) あし	1) 口	2) 足	3) 手	4) 耳
h) なまえ	1) 有名	2) 前名	3) 名前	4) 右前

6. Elige la frase que tenga el mismo significado:

a) あしたやすみです。

    1. あしたしごとをします。

    2. あしたしごとをしました。

    3. あしたしごとをしません。

b) 今日は月よう日です。

    1. きのうは日よう日でした。

    2. きのうは火よう日でした。

    3. きのうは木よう日でした。

c) としょかんにあるじしょは高いです。

    1. としょかんにあるじしょは安いです。

    2. としょかんにあるじしょは新しいです。

    3. としょかんにあるじしょは白いです。

d) かばんの中にかぎがあります。

    1. かぎはかばんのとなりです。

    2. かぎはかばんの右です。

    3. かぎはかばんの中です。

TEMA 9
¿Qué tipo de manga te gusta?

第九課
どんなマンガが好きですか

VOCABULARIO

「病気の時（びょうきのとき）」 Cuando estoy enfermo

くすり (薬) - Medicina
かぜ - Resfriado
かぜをひく - Resfriarse
いたい (痛い) - Doler (adj. い)
Xがいたいです。 - Me duele X
病院（びょういん）にいきたいです。 - Quiero ir al hospital

「生活（せいかつ）」 Estilo de vida

もんだい (問題) - Problema
もの(物) - Cosa
ラジオ - Radio
やさい - Verdura
まち(町) - Ciudad

「時間（じかん）」 Tiempo

ゆうべ (昨夜) - La noche pasada
ゆうがた (夕方) - Por la tarde
けさ (今朝) - Esta mañana

「表現や副詞など（ひょうげんやふくしなど）」 Expresiones, adverbios y otros

ゆっくり - Despacio, lentamente, relajadamente
もっと - Más
もういちど (もう一度) - Una vez más
また - De nuevo
まだ - Aún

単語・たんご

「 距離と量（きょりとりょう） 」 Distancias y cantidades

メートル - Metro
キロ - Kilómetro/Kilogramo
グラム - Gramo
リットル - Litro

「どこですか」 ¿Dónde estoy?

みち (道) - Calle/camino
かど (角) - Esquina
しんごう (信号) - Semáforo
まがる (曲がる) - Girar (verbo う)
みぎがわ (右側) - Lado derecho

ひだりがわ (左側) - Lado izquierdo
わたる（渡る）- Cruzar (verbo う)
こうさてん (交差点) - Cruce
つぎ (次) - Siguiente
まっすぐ - Todo recto

つぎのかどを右にまがってください。
Gire, por favor, a la derecha en la siguiente esquina.

そのしんごうを左にまがってください。
Gire, por favor, a la izquierda en ese semáforo.

LA GRAMÁTICA DE HOY

1. Interrogativos (PARTE 2)

¡Es hora de añadir nuevos interrogativos a la lista! Concluimos así el apartado de interrogativos que empezamos en el tema 2.

- **Por qué** どうして

-どうしてきませんでしたか。 ¿Por qué no viniste?

-バスがありませんでしたから。 Porque no había autobuses.

- **Qué tipo de** どんな

-どんな人ですか。 ¿Qué tipo de persona es?

-やさしい人です。 Es una persona amable.

- **Cómo** どう / いかが (formal)

-きっさてんはどうですか。 ¿Cómo es la cafetería?

-きっさてんはきれいです La cafetería es bonita.

- **Cuánto** いくつ

-いすがいくつありますか。 ¿Cuántas sillas tienes?

-いすが二つあります。 Tengo dos sillas.

2. Unir elementos en una frase

La encadenación de módulos en japonés es muy importante, ya que permite construir frases largas y complejas. En los temas 5 y 7 hemos trabajado la forma て en verbos y ahora haremos un repaso para recordarlo.

- **Verbos + て (repaso)**

El V1 se traducirá en función al tiempo del V2. En el tema 5 hablamos de cómo poner el V1 en negativo. Aquí lo tienes: el V1 que está en forma て lo cambiamos por ない y en esa forma cambiamos la い por くて. Ej.: たべて --> たべない --> たべなくて

- **Adj. + て**

Si lo que queremos enumerar son adjetivos en lugar de verbos, su construcción cambiará si son tipo い o tipo な. Igual que con los verbos, el último adjetivo conservará la terminación correspondiente.

Adjetivos い: い --> くて

Cambiamos la い del presente por くて

あつい --> あつくて
あつくない --> あつくなくて

今日の文法・きょうのぶんぽう

Ejemplo:

マリアさんはかわいくて、やさしいです。
María es adorable y amable.

Adjetivos な + で

Es una construcción muy simple, ya que solo tenemos que añadir で. Si fuera negativo, じゃない cambia a じゃなくて, como sucede con los verbos.

Ejemplo:

マリアさんは元気で、しずかです。
María está sana y es callada.

■ Sustantivos + で

Por último, aprenderemos a encadenar sustantivos. Para ello, solo tenemos que añadir で al sustantivo, igual que los adjetivos な. Si fuera negativo, じゃない cambia a じゃなくて, como sucede con los verbos.

Ejemplo:

マリアさんは日本人で、先生です。
María es japonesa y profesora.

3. Forma corta + つもりです

Para expresar que «se supone» que vamos a hacer un plan, usaremos esta estructura:

> Forma corta (afirmativo/negativo) + つもりです

Repasemos la forma corta de todos los tipos de palabras.

<u>Verbos</u>: tienen su propia forma, que estudiamos en el tema 6. ¿Necesitas repasarlo? No dudes en hacerlo.

<u>Adjetivos い</u>: eliminaremos el です final.　　　　　あついです　→　あつい

<u>Adjetivos な</u>: la forma です se sustituirá por la forma corta. しずかです　→　しずかだ

<u>Sustantivos</u>: la forma です se sustituirá por la forma corta. ペンです　→　ペンだ

Ejemplos:

金よう日にともだちときっさてんにいくつもりです。
Se supone que voy a una cafetería con un amigo el viernes.

あしたはかいものするつもりです。
Mañana se supone que haré las compras.

先生はがっこうへこないつもりです。
Se supone que el profesor no viene mañana a la escuela.

LA GRAMÁTICA DE HOY

Si ponemos です en pasado estaremos expresando algo que tenía que haber pasado, pero finalmente no pasó.

Ejemplo:
きのうマドリッドにいくつもりでした。でも、いきませんでした。
Se suponía que iba a Madrid ayer. Pero no fui.

4. Partícula は・が

La duda existencial: ¿uso la partícula は o が? ¿Qué diferencia hay? ¿Cómo puedo saber cuándo tengo que usar una u otra? Antes que nada, debes comprender que, en el nivel básico, estas dudas no deben obsesionarnos.

Incluso los nativos se equivocan a veces sobre su uso; por lo tanto, no debes sentirte mal por equivocarte. En este nivel lo más importante es saber en qué casos SEGURO tengo que utilizar una u otra.

Empecemos por esos casos que ya hemos visto en otros temas:

~が + あります・います
　　私はともだちがいます。
　　Yo tengo una amiga.

SUSTANTIVO + が + 好き・きらい・下手・上手
　　カルロスさんはうたが上手です。
　　Carlos es hábil con la canción.

VERBO + の + が + 好き・きらい・下手・上手
　　私はテニスするのが下手です。
　　Yo soy inútil jugando tenis.

Interrogativos + が
　　どれがエレナさんのかさですか。
　　¿Cúal es el paraguas de Elena?

Descripciones (Persona + は + elemento + が + adj.)
　　アンジさんはかみが長いです。
　　Angy tiene el pelo largo.

Aparte de estos casos, normalmente la partícula が sustituye a は en contextos en los que queremos enfatizar a la persona que hace la acción, normalmente son situaciones en las que el receptor no sabe cuál era el sujeto de la acción y lo marcamos con が para enfatizarlo.

今日の文法・きょうのぶんぽう

Ejemplos:

マリアさんはしゅくだいをしました。
María hizo la tarea.

マリアさんがしゅくだいをしました。
María hizo la tarea.

Por último, existen otros verbos que, como あります y います, piden la partícula が cuando van con sustantivos, como pueden ser los verbos «comprender» (わかる) y «poder hacer» (できる). Recomiendo revisar la lista de «Verbos+Partículas» de nuestra página web.

Ejemplos:

私は日本ごがわかります。
Yo comprendo el japonés.

ペパさんはうんてんができる。
Pepa puede conducir.

¡A PRACTICAR!

1. Traduce las siguientes frases al japonés:

a) Se suponía que esta mañana iría al parque, pero llovió.

b) Como me duele la cabeza, iré al hospital.

c) Dígalo una vez más, por favor.

d) Anoche comí verduras y esta mañana comí pan en el desayuno.

e) Abre la puerta, por favor.

f) ¿Por qué no fuiste a la fiesta de la cafetería de la semana pasada?

g) ¿Cómo estuvo la película de ayer?

h) Como me dolía el estómago, tomé una medicina.

i) Pedro es alto y guapo.

j) Gira a la derecha y espera, por favor.

2. Traduce las siguientes frases al español:

a) けさ、はをみがいて、だいがくにいきました。

b) 私のパソコンは古くて、うるさいです。

c) かぎをかけたから、だいじょうぶです。

d) 本やがそのみちの左がわにあります。

練習！練習！・れんしゅう！れんしゅう！

e) せんたくしたから、せなかがいたい。

f) あそこにノートをおいてください。

g) お母さんにみせたしゃしんが大好きです。

h) ラジオでおんがくをきいてから、まどをしめました。

i) おにいさんにあう前に、手をあらってください。

3. Haz una frase con los siguientes elementos encadenados con forma て:

a) José: ocupado y en forma

b) Restaurante: bonito y bullicioso

c) Coche: pequeño y barato

d) Mi pelo: largo y azul

e) Mi casa: grande y tranquila

f) Yo: española y médica.

4. Responde a las siguientes preguntas:

a) この本はだれの本ですか。

b) あなたのうちはどこですか。

c) たんじょうびはいつですか。

d) テレビはいくらですか。

e) どんなおんがくが好きですか。

聞き取り・ききとり

Comprensión auditiva

1. Escucha las siguientes palabras y escríbelas:

a) _____

b) _____

c) _____

d) _____

e) _____

2. Escucha las siguientes frases y escríbelas:

a) _____

b) _____

c) _____

d) _____

e) _____

3. Escucha el audio y responde a las preguntas:

a) _____

b) _____

c) _____

d) _____

e) _____

4. Elige la respuesta correcta a la situación que se plantea:

a) 1. 2. 3.

b) 1. 2. 3.

c) 1. 2. 3.

d) 1. 2. 3.

e) 1. 2. 3.

日本文化・にほんぶんか

Cultura japonesa

El manga y las onomatopeyas

El manga y las onomatopeyas han ido siempre de la mano. Muchas veces las ignoramos porque nos concentramos en el dibujo, pero, como ves en la ilustración, las onomatopeyas aportan muchos matices a la imagen: epicidad, misterio, peligro, alegría…

En la imagen se representa una escena de una famosa serie que muchos conocerán, *JoJo's Bizarre Adventure*. En esta serie abunda el uso de ドドドド como sonido, para que el lector se meta en la escena.

Sin embargo, también podemos usar las onomatopeyas en nuestro día a día. Existen diversos tipos en función de lo que representan.

ぎじょうご（擬情語）- Sentimientos
ぎせいご（擬声語）- Animal y humano
ぎたいご（擬態語）- Estados
ぎようご（擬容語）- Movimientos
ぎおんご（擬音語）- Sonidos reales

Vamos a reunir algunas, ¿podrás encontrarlas en algún manga?

ぺらぺら - Ser hábil hablando un idioma
ざーざー - Sonido de lluvia fuerte
わくわく - Nerviosismo, ansia por algo, emoción
ドキ - Sonido del corazón debido a que estamos nerviosos, ansiosos…
ごろごろ - Tiene muchos usos, por ejemplo, en español diríamos «dar vueltitas»
ニヤニヤ - Reír, soltar risitas
ニコニコ - Reírse
もぐもぐ - Masticar
キラキラ - Algo brillante
ギリギリ - En español diríamos «casi casi»

Diálogo

デレックさんはあゆみ先生に会います。
デレック：あゆみ先生！今、クラスに行きますか。
あゆみ先生：えっと。。。はい。大丈夫ですか。
デレック：はい、はい。新しいマンガがあります。「Super Lopez」です。スペインのマンガです。アルテゥーロさんは貸しました。。。
あゆみ先生：アルテゥーロさん？いい人ですね。
デレック：ええ、そうですね。。。
あゆみ先生：どうしてかなしいですか。
デレック：えっと、アルテゥーロさんのひみつを知っています。
あゆみ先生：ひみつ？何のひみつですか。
デレック：アルテゥーロさんはトランスジェンダーです。
あゆみ先生：それはひみつですか。みんな知っています。アルテゥーロさんはほんとうにプラウドです。問題がありますか。
デレック：いいえ！いいえ！問題がありません。アルテゥーロさんはやさしくて、いい人です。多分、私はわるい人です。
あゆみ先生：デレックさん、日本人はトランスジェンダーについてあまり知りませんから、質問がたくさんあります。アルテゥーロさんに聞いてください。
デレック：そうします。
あゆみ先生：頑張ってね。
アルテゥーロさんが来ます。
デレック：どんなマンガを読んでいますか。
アルテゥーロさん：トランスジェンダーについてのマンガです。もんくがありますか。
デレック：はい、もんくがあります！
アルテゥーロさん：ああああっ！！どうして？？？
デレック：私といっしょに、そのマンガを読んでください。それは私のもんくです。
アルテゥーロさん：。。。デレックさん。。。
デレック：ごめんなさい。たくさん質問があります。でも、アルテゥーロさんについて全部知りたいです。
アルテゥーロさん：トランスジェンダーについて聞いてもいいです。
デレック：はい！そうします！
アルテゥーロさん：いま、LGTBIのきょうかいに行くつもりです。いっしょに行きませんか。
デレック：じゃ、行きましょう！

会話・かいわ

Español

Derek se encuentra con la profesora Ayumi.

Derek: ¡Profesora Ayumi! ¿Vas ahora a clase?
Ayumi: Ehmmm… Sí. ¿Está todo bien?
Derek: Sí, sí. Tengo un nuevo manga. Es *Súper López*. Es un manga de España. Me lo prestó Arturo…
Ayumi: ¿Arturo? Es una buena persona, ¿verdad?
Derek: Sí, así es…
Ayumi: ¿Por qué estás triste?
Derek: Mmm… Sé el secreto de Arturo.
Ayumi: ¿Secreto? ¿Qué secreto?
Derek: Arturo es transgénero.
Ayumi: ¿Eso es un secreto? Lo saben todos. Arturo está realmente orgulloso. ¿Tienes algún problema?
Derek: ¡No! ¡No! No tengo ningún problema. Arturo es amable y buena persona. Quizá yo soy la mala persona.
Ayumi: Derek, como los japoneses apenas saben algo sobre transgénero, tienen muchas preguntas. Por favor, pregúntale a Arturo.
Derek: Eso haré.
Ayumi: Ánimo.

Viene Arturo.

Derek: ¿Qué manga estás leyendo?
Arturo: Un manga sobre personas transgénero. ¿Tienes alguna queja?
Derek: ¡SÍ! ¡TENGO UNA QUEJA!
Arturo: ¡AAAHHH! ¿POR QUÉ?
Derek: Por favor, lee ese manga conmigo. Esa es mi queja.
Arturo: Derek…
Derek: Lo siento mucho. Tengo muchas preguntas. Pero quiero saber todo sobre ti.
Arturo: Puedes preguntar sobre transgénero.
Derek: ¡Sí! ¡Eso haré!
Arturo: Ahora se supone que voy a una asociación LGTBI. ¿Por qué no vamos juntos?
Derek: Bueno, ¡vayamos!

Vocabulario extra:

ぜんぶしりたいです(全部知りたいです) - Quiero saberlo todo
そうします - Eso haré
きょうかい(協会) - Asociación/organización
もんく(文句) - Queja
しつもん(質問) - Pregunta
かなしい(悲しい) - Triste
ひみつ - Secreto
しる(知る) - Saber/conocer
プラウド - Orgullo
もんだい(問題) - Problema
について - Sobre…

漢字ファイト！・かんじファイト！

¡Pelea de kanjis!

Nº	Kanji	Lectura on	Lectura kun	Palabras
70	店 Tienda (8)	てん	みせ	店・みせ - Tienda 店員・てんいん - Dependiente
71	外 Fuera (5)	がい	そと	外・そと - Fuera 海外・かいがい - Extranjero (lugar)
72	国 País (8)	こく	くに	国・くに - País 帰国する・きこくする - Volver a tu país 外国・がいこく - País extranjero 外国人・がいこくじん - Persona extranjera
73	時 Tiempo (10)	じ	とき	Sustantivo+の+時・とき - Cuando... Verbo+時・とき - Cuando... nº+時・じ - Hora 時々・ときどき - A veces 時間・じかん - Tiempo 時計・とけい - Reloj
74	学 Aprendizaje (8)	がく	まな	学生・がくせい - Estudiante 大学・だいがく - Universidad 学ぶ・まなぶ - Estudiar 留学生・りゅうがくせい - Estudiante internacional
75	校 Escuela (10)	こう		学校・がっこう - Escuela 高校・こうこう - Bachillerato 小学校・しょうがっこう - Escuela primaria
76	円 Yen, redondo (4)	えん	まる	円・えん - Yen 円い・まるい - Circular (tipo disco) adj.-い *丸い・まるい - Circular (estilo esfera)

漢字ファイト！・かんじファイト！

¡A practicar!

1. ¿Cómo se leen las siguientes palabras? Subraya la correcta:

a) 安い	1) やすい	2) ゆすい	3) よすい	4) やずい
b) 午後	1) ここ	2) ごご	3) にに	4) たた
c) 千円	1) ぜんえん	2) せんえん	3) ぜんまる	4) せんまる
d) 古い	1) ぶるい	2) ふるい	3) ぶろい	4) ふろい
e) 高い	1) だかい	2) だがい	3) たかい	4) たがい
f) 国	1) こく	2) ごく	3) くに	4) ぐに
g) 店	1) みぜ	2) みせ	3) みそ	4) みぞ
h) 学校	1) がっこう	2) がこう	3) がっこ	4) がこ

2. Escribe en hiragana los siguientes kanjis:

a) 外国人 _____

b) 白い _____

c) 男の子 _____

d) 半分 _____

e) 午前 _____

f) 南 _____

3. Traduce las siguientes frases al español y escribe los kanjis en hiragana:

a) 先生は学校にきませんでした。
_____

b) あそこにめがねをかけている女の人がいます。
_____

c) 肉が好きな人が好きじゃないです。
_____

d) 午後三時にともだちに店であいましょう。
_____

e) 私のノートは三百二十円です。
_____

Lectura y escritura

1. Lee el siguiente póster. ポスターをよんでください。

Vocabulario extra:
コンテスト - Concurso
コスプレイ - Cosplay (disfraz)

書きと読み・かきとよみ

2. Responde a las preguntas. しつもんにこたえてください。

a) プレゼントは何ですか。
_____

b) どんなコンテストがありますか。
_____

c) パーティーはいつですか。
_____

d) だれのうちですか。
_____

e) 今日は何月何日ですか
_____

3. Dibuja tu propio póster para un evento. ポスターをかいてください。

Examen

1. ¿Cómo se leen las siguientes palabras? Subraya la correcta:

a) 肉　　　1) さかな　　2) にく　　3) なか　　4) かに

b) 店　　　1) てん　　　2) みせ　　3) せみ　　4) あし

c) 学生　　1) だいがく　2) かくせい　3) たいがく　4) がくせい

d) 前　　　1) まえ　　　2) なか　　3) した　　4) うえ

e) 後ろ　　1) あしろ　　2) えしろ　　3) おしろ　　4) うしろ

f) 上手　　1) へた　　　2) じょうず　3) なまえ　　4) しんぶん

g) 新しい　1) やさしい　2) うつくしい　3) たましい　4) あたらしい

2. Elige la palabra que completa la frase:

a) もっと水を（　　　）ください

1) たべて　　2) のんで　　3) きて　　4) すわって

b) （　　）イタリアにいくつもりでしたが、びょうきになりました。

1) あした　　2) らいしゅう　3) いま　　4) きのう

c) 学生は（　　）学校にいきます。

1) ぜんぜん　2) たくさん　3) まい日　　4) つもり

3. Completa las frases con la partícula/interrogativo correcto:

a) マリアさん（　　　）くるま（　　　）どれですか。

b) （　　）本が好きですか。

c) すみません、じかん（　）ありません。

d) これは（　　）のかばんですか。

e) 五月二十四日（　　　）中国（　　　）いきましょう。

4. Crea una frase ordenando estas palabras:

a) か・本・好き・どんな・です・が

b) さん・元気・は・やさしくて・ラケル・です

c) きれいで・この・は・よくて・です・安い・レストラン

テスト

5. Elige el kanji/katakana correcto:

a) すいようび	1) 水よう日	2) 金よう日	3) 木よう日	4) 火よう日
b) たかい	1) 古い	2) 小い	3) 新い	4) 高い
c) きた	1) 南	2) 西	3) 北	4) 東
d) しゃわー	1) ツヤワー	2) シャワー	3) シャフー	4) ツヤフー
e) げんき	1) 病気	2) 元気	3) 空気	4) 電気
f) がっこう	1) 学校	2) 高校	3) 大学	4) 学高
g) ごご	1) 午前	2) 午後	3) 牛後	4) 年後

6. Elige la frase que tenga el mismo significado:

a) 私はお父さんに本をかりました。

　　　1. 私はお父さんに本をかしました。

　　　2. 私はお父さんに本をかえしました。

　　　3. お父さんは私に本をかしました。

b) 今日は金よう日です。今日は六日です。

　　　1. 今日は土よう日です。

　　　2. 今日は七日です。

　　　3. きのうは木よう日でした。

c) ジョンさんは私のおじさんです。

　　　1. ジョンさんはお父さんのお父さんです。

　　　2. ジョンさんはお母さんのいもうとです。

　　　3. ジョンさんはお母さんのおにいさんです。

d) 午前八時にあいましょう。

　　　1. よるの八時にあいましょう。

　　　2. あさの八時にあいましょう。

　　　3. ひる八時にあいましょう 。

TEMA 10
¿Qué dijo Momoko?

第十課
ももこさんは何と言っていましたか

VOCABULARIO

「形容詞（けいようし）」Adjetivos
あかるい (明い) - Brillante
あぶない (危ない) - Peligroso
あまい (甘い) - Dulce
うすい (薄い) - Fino
おそい (遅い) - Tarde, lento
おもい (重い) - Pesado
からい (辛い) - Picante
かるい (軽い) - Ligero

「教室（きょうしつ）」Aula
じゅぎょう (授業) - Clase (lección)
さくぶん (作文) - Redacción
ことば (言葉) - Idioma, palabra
ぶんしょう(文章) - Escrito, ensayo
ページ - Página
きょうかしょ(教科書) - Libro de texto

「乗り物（のりもの）」Transporte
でんしゃ (電車) - Tren
じどうしゃ (自動車) - Automóvil
タクシー - Taxi
ひこうき (飛行機) - Avión
ふね (船) - Barco

単語・たんご

「音楽（おんがく）」 Música

ギター - Guitarra
ピアノ - Piano
ひく - Jalar, tocar (instrumento de cuerda)
たいこ (太鼓) - Tambor japonés
たたく - Tocar (instrumento de percusión)
ふく (吹く) - Tocar (instrumento de viento)

「物（もの）」 Cosas

ふく (服) - Ropa
ふうとう (封筒) - Sobre
つくえ (机) - Escritorio
テープ - Cinta adhesiva

「表現や副詞など（ひょうげんやふくしなど）」 Expresiones, adverbios y otros

すぐに - Ahora mismo
ちょうど - Exactamente
だんだん - Gradualmente
まっすぐ - Todo derecho
はじめに - Para empezar

それから - Entonces/después
それでは - En ese caso
ほか - Otro
では - Bueno

「野菜 (やさい)」 Verduras

やおや - Verdulería
トマト - Tomate
ポテト・ジャガイモ - Papa
サラダ - Ensalada
レタス - Lechuga
ピーマン - Pimiento

だいこん - Rábano
にんにく - Ajo
たまねぎ - Cebolla
きゅうり - Pepino
キャベツ - Col/repollo
かぼちゃ - Calabaza

LA GRAMÁTICA DE HOY

Bienvenido al tema de repaso. Ese clásico tema en el que avanzamos en gramática, PERO dando mucha importancia al repaso. Encontrarás en este tema más ejercicios, más dificultad...

La razón es la siguiente: debes reflexionar sobre si realmente estás preparado para continuar o si quizá deberías comenzar desde cero. ¿Desde el inicio? Así es, hemos repetido varias veces que la base es lo más importante y que no debes avanzar si no recuerdas lo anterior. No tengas miedo a ir despacio. Mereces tiempo para ti mismo, no te agobies con el estudio, recuerda por qué estudias este idioma. La prisa no es buena compañera de estudio.

Quizá debas relajarte por hoy, volver al tema 1 y volver a empezar. Irás mucho más rápido por norma general y más lento cuando tu mente lo necesite. Confía en tu memoria. Si no lo recuerdas no es casualidad, es que necesitas más tiempo.

Si crees que estás preparado, adelante, comienza el tema 10.

1. Estructuras con と

En este punto reunimos todas aquellas estructuras que comparten el uso de la partícula «と» en lo que en español traduciremos (normalmente) como «que».

- **Pienso/Creo que... 「とおもいます」**

En este caso, la persona siempre será «私», ya que no hablamos ni opinamos de lo que piensa o cree otra persona. La estructura es la siguiente:

> 私は + frase (forma corta) + とおもいます

Ejemplo:
  私はあしたあめがふるとおもいます。
  Creo que mañana lloverá.

- **Preguntar/Escuchar que... 「とききます」**

Aquí podremos citar a quien queramos, pero siempre (por ahora) dejando la pregunta entre corchetes, citándola directamente. El verbo estará en pasado casi siempre, ya que solemos citar algo que ya se preguntó.

> Persona は + 「 Pregunta realizada 」 + とききます

Ejemplo:
  アンヘラさんは「 どうしてブランカさんがこなかったんですか 」とききました。
  Ángela preguntó: «¿Por qué no vino Blanca?».

今日の文法・きょうのぶんぽう

■ **Responder que... 「とこたえます」**

En este caso podrás citar con o sin corchetes, ya que no son preguntas. De nuevo, el verbo suele estar en pasado porque solemos citar cosas que ya fueron dichas.

> Persona は + frase (forma corta) + とこたえます

Ejemplo:
> ブランカさんはあたまがいたかったんだとこたえました。
> Blanca respondió que le dolía la cabeza.

■ **Decir que... 「といっていました」「といいました」**

Es posible usar cualquiera de las dos opciones, gerundio pasado 「といっていました」o pasado afirmativo 「といいました」. Sin embargo, a veces se matiza que 「といっていました」lo usamos si estuvimos delante cuando se dijo y 「といいました」si no estuvimos presentes cuando se dijo.

> Persona は + frase (forma corta) + といっていました / といいました

Ejemplo:
> 先生はあしたテストがあるといっていました。
> El profesor dijo que habrá un examen mañana.

Como en casos anteriormente mencionados, debemos tener en cuenta que a veces no queremos decir «María dijo que irá a la fiesta», sino que queremos citar directamente, es decir: «María dijo: "Iré a la fiesta"».

La cita literal debe mantenerse tal como la dijo la otra persona, por lo que podrá ir en forma larga.

Ejemplos:
> 先生はあしたテストがあるといっていました。
> El profesor dijo que mañana habrá un examen.
>
> 先生は「あしたテストがあります」といっていました。
> El profesor dijo: «Mañana hay un examen».

---

2. 「物の数え方(もののかぞえかた)」Contadores

En el idioma que estudiamos, el conteo de cosas no se limita simplemente a los números y el objeto, sino que después del número se añade un sufijo en función de lo que se esté contando.

LA GRAMÁTICA DE HOY

Parece algo complejo de entender, pero es fácil de aplicar. En la siguiente tabla se recogen los contadores más usados, su aplicación del 1 al 10, su interrogativo y algunos ejemplos con los que se usan para que puedas visualizarlo mejor.

枚	人	匹
まい	にん	ひき
何枚	何人	**何匹**
なんまい	なんにん	**なんびき**
Objetos finos y planos: sellos, camisetas, CD...	Personas	Animales pequeños: perro, gato...
一枚・いちまい	**一人・ひとり**	**一匹・いっぴき**
二枚・にまい	**二人・ふたり**	二匹・にひき
三枚・さんまい	三人・さんにん	**三匹・さんびき**
四枚・よんまい	**四人・よにん**	四匹・よんひき
五枚・ごまい	五人・ごにん	五匹・ごひき
六枚・ろくまい	六人・ろくにん	**六匹・ろっぴき**
七枚・ななまい	七人・ななにん	七匹・ななひき
八枚・はちまい	八人・はちにん	**八匹・はっぴき**
九枚・きゅうまい	九人・きゅうにん	九匹・きゅうひき
十枚・じゅうまい	十人・じゅうにん	**十匹・じゅっぴき/じっぴき**

回	個	階
かい	こ	かい
何回	何個	**何階**
なんかい	なんこ	**なんがい**
Número de veces	Objetos pequeños: gomas de borrar, tachuelas...	Plantas de un edificio
一回・いっかい	**一個・いっこ**	**一階・いっかい**
二回・にかい	二個・にこ	二階・にかい
三回・さんかい	三個・さんこ	**三階・さんがい**
四回・よんかい	四個・よんこ	四階・よんかい
五回・ごかい	五個・ごこ	五階・ごかい
六回・ろっかい	**六個・ろっこ**	**六階・ろっかい**
七回・ななかい	七個・ななこ	七階・ななかい
八回・はっかい	**八個・はっこ**	**八階・はっかい**
九回・きゅうかい	九個・きゅうこ	九階・きゅうかい
十回・じゅっかい/じっかい	**十個・じゅっこ/じっこ**	**十階・じゅっかい/じっかい**

今日の文法・きょうのぶんぽう

足	冊	本
そく	さつ	ほん
何足 **なんぞく**	何冊 なんさつ	**何本 なんぼん**
Pares: par de zapatos	Volúmenes: libros, revistas...	Objetos «cilíndricos»: flores, bolígrafos, botellas, paraguas...
一足・いっそく	**一冊・いっさつ**	**一本・いっぽん**
二足・にそく	二冊・にさつ	二本・にほん
三足・さんぞく	三冊・さんさつ	**三本・さんぼん**
四足・よんそく	四冊・よんさつ	四本・よんほん
五足・ごそく	五冊・ごさつ	五本・ごほん
六足・ろくそく	六冊・ろくさつ	**六本・ろっぽん**
七足・ななそく	七冊・ななさつ	七本・ななほん
八足・はっそく	**八冊・はっさつ**	**八本・はっぽん**
九足・きゅうそく	九冊・きゅうさつ	九本・きゅうほん
十足・じゅっそく/じっそく	**十冊・じゅっさつ/じっさつ**	**十本・じゅっぽん/じっぽん**

→ Las palabras en **negrita** indican que hay un cambio en la lectura que hay que tener en cuenta.

Ejemplos:

スペイン人の学生が三人います。
Hay 3 estudiantes españoles.

くつが八足あります。
Tengo 8 pares de zapatos.

私のアパートは三がいにあります。
Mi departamento está en el tercer piso.

日本語のきょうかしょを五さつかいました。
Compré 5 libros de texto de japonés.

一日に三回食べます。
Como 3 veces al día.

台
だい
何台 なんだい
Máquinas: bicicletas, coches, lavadoras...
一台・いちだい
二台・にだい
三台・さんだい
四台・よんだい
五台・ごだい
六台・ろくだい
七台・ななだい
八台・はちだい
九台・きゅうだい
十台・じゅうだい

LA GRAMÁTICA DE HOY

ESPAÑOL	PRESENTE + CORTA	PASADO + CORTA	PRESENTE - CORTA	PASADO - CORTA
ALGO PARA				
PARAR				
ALGO EMPIEZA				
EMPEZAR				
ALGO SE ABRE				
ABRIR				
ALGO SE CIERRA				
CERRAR				
ESTAR CANSADO				
NECESITAR				
TENER/HABER (PERSONAS)				
GIRAR				
ORDENAR				
TERMINAR				
SUBIRSE				

今日の文法・きょうのぶんぽう

ESPAÑOL	PRESENTE + CORTA	PASADO + CORTA	PRESENTE - CORTA	PASADO - CORTA
CORTAR				
VENIR				
QUEDAR				
ESPERAR				
DESCANSAR				
VENDER				
TRABAJAR				
HACER				
TOMAR PRESTADO				
PRESTAR				
DEVOLVER				
CONSTRUIR				
CONOCER				
USAR				
PERDER				

¡A PRACTICAR!

1. Traduce las siguientes frases al japonés:

a) Me gusta tocar la guitarra por la noche.

b) Hay ropa sobre el escritorio. Ordénala, por favor.

c) Miren la página 54 del libro de texto, por favor.

d) Jennifer dijo que la clase había empezado ya.

e) Los aviones no son peligrosos.

f) Fui a la tienda del segundo piso y compré tres sobres.

g) La fruta es dulce y está riquísima.

h) En ese caso, gira a la derecha en la siguiente esquina.

i) Mario preguntó si mañana hay fiesta a las 8 de la noche.

j) Pedro respondió que se supone que el aula de la clase de la profesora Tanaka es el aula 804.

2. Traduce las siguientes frases al español:

a) あゆみ先生は「だれがしゅくだいをしなかった？」とききました。

b) 私は私のしごとはすごいとおもいます。

c) さいふをなくしたとおもいます。

d) げんかんでくつをぬいでください。

練習！練習！・れんしゅう！れんしゅう！

e) デパートでお母さんのしゃしんをとりました。
___

f) きなもとさんはともえださんに本をかりました。
___

g) 私は二月十六日に生まれました。
___

h) けさ私はあさごはんをたべて、学校へいきました。
___

3. Haz una frase con:

a) とこたえました

b) といっていました

c) とおもいます

d) とききます

e) Contador 人:

f) Contador まい:

4. Responde a las siguientes preguntas (de forma real o ficticia):

a) ねこが何びきいますか。
___

b) 一日に何かいたべますか。
___

c) あなたのうちは何がいですか。
___

d) いま何をしていますか。
___

e) 先生に何とききましたか。
___

f) お父さんは何といっていましたか。
___

聞き取り・ききとり

Comprensión auditiva

1. Escucha las siguientes palabras y escríbelas:

a) _____

b) _____

c) _____

d) _____

e) _____

2. Escucha las siguientes frases y escríbelas:

a) _____

b) _____

c) _____

d) _____

e) _____

3. Escucha el audio y responde a las preguntas:

a) _____

b) _____

c) _____

d) _____

e) _____

4. Elige la opción correcta según lo que se dice:

a)   1.   2.   3.

b)   1.   2.   3.

c)   1.   2.   3.

d)   1.   2.   3.

e)   1.   2.   3.

日本文化・にほんぶんか

Cultura japonesa

Historia de Japón

La historia de Japón se estudia dividida en eras. Estas eras tienen definidos su inicio y final según distintos criterios. Para las primeras, se decidió que fueran sucesos importantes (una guerra, un cambio en la sociedad, etc.). Sin embargo, con la Era Meiji se empezó a marcar el inicio y final de las épocas en función del emperador que gobernaba. Por ello, algunas eras duran menos años y otras más. Con este nuevo sistema, el cambio de era se ha convertido en todo un espectáculo en el país. En 2019 pudimos vivir un cambio de era con la subida al trono del emperador Naruhito, que sucedió a su padre Akihito. Este hecho es realmente importante, ya que es la primera vez que un emperador abdica y deja su puesto a su heredero. Con Akihito terminó la era へいせい (平成) y comenzó la era れいわ (令和).

En la ilustración de la izquierda encontramos una representación de Tokugawa Ieyasu, el líder militar (しょうぐん) que inició en el año 1600 el periodo histórico conocido como «さこく» o cerramiento del país al exterior del mundo. Esta política se aplicó durante siglos hasta que finalmente en 1868 el gobierno de la familia Tokugawa cayó, y el país se abrió a un mundo que siguió avanzando sin ellos. Esa apertura iría de la mano del emperador Meiji (imagen central), que instauró un gobierno más democrático y abierto a los pactos internacionales. ¿Funcionó? Si quieres saberlo, deberás investigar más a fondo sobre la Revolución Meiji y el reinado de este emperador.

Diálogo

高校の前に、アルトゥーロさんとももこさんは話しています。

ももこ：明日クラスがありますか。あゆみ先生は病気ですから。。。

アルトゥーロ：そうですか。だれがももこさんに言いましたか。

ももこ：昨日、デレックさんが言っていました。

アルトゥーロ：デレックさんは何と言いましたか。

ももこ：デレックさんは「あゆみ先生が病院にいます」と言っていました。

アルトゥーロ：そうですね。。。じゃ、ほかの先生に聞きましょう。

山川先生が来ます。

山川先生：あっ！アルトゥーロさん、ももこさん、元気ですか。

アルトゥーロ：おはようございます、山川先生。元気です。ありがとうございます。

ももこ：私も元気です。ありがとうございます。すみません、あゆみ先生は病気ですか。

山川先生：あゆみ先生？えっと。。。わかりません。

アルトゥーロ：デレックさんは「あゆみ先生が病院にいます」と言いました。

山川先生：本当ですか。大変ですね。。。

デレックさんはみんなに会います。

デレック：山川先生、アルトゥーロさん、ももこさん、おはようございます！

山川先生：デレックさん、あゆみ先生は病気ですか。今日も病院にいますか。

デレック：病気ですか。大変ですね！

山川先生・アルトゥーロ・ももこ：えっっっっっ???デレックさん！

デレック：何？何？何もわかりません！

山川先生：あゆみ先生はどこですか。

デレック：昨日、あゆみ先生に会いました。あゆみ先生は「いま、美容院に行きます」と言っていました。

アルトゥーロ：デレックさんは病院と言いましたか。美容院と言いましたか。

デレック：美容院と言っていました。どうしてですか。

ももこ：あっ。ごめん。

山川先生：ももこさん、気をつけてください。しんぱいしました！

ももこ：はい、はい。。。本当にすみません！

山川先生：大丈夫です。みなさん、クラスに行ってね。

会話・かいわ

Español

Antes del bachillerato, Arturo y Momoko están hablando.

Momoko: ¿Mañana hay clase? Como la profesora Ayumi está enferma...
Arturo: ¿Ah, sí? ¿Quién te lo dijo?
Momoko: Lo dijo Derek ayer.
Arturo: ¿Qué dijo Derek?
Momoko: Derek dijo: «La profesora Ayumi está en el hospital».
Arturo: Vaya... Bueno, vamos a preguntar a otro profesor.

Viene el profesor Yamakawa.

Profesor Yamakawa: ¡Ah! Arturo, Momoko, ¿cómo están?
Arturo: Buenos días, profesor Yamakawa. Estoy bien. Muchas gracias.
Momoko: Yo también estoy bien. Muchas gracias. Disculpe, ¿la profesora Ayumi está enferma?
Profesor Yamakawa: ¿La profesora Ayumi? Eh... No lo sé.
Arturo: Derek dijo: «La profesora Ayumi está en el hospital».
Profesor Yamakawa: ¿En serio? Qué mal...

Derek se encuentra con todos.

Derek: Profesor Yamakawa, Arturo, Momoko, ¡buenos días!
Profesor Yamakawa: Derek, ¿la profesora Ayumi está enferma? ¿Hoy también está en el hospital?
Derek: ¿Está enferma? ¡Qué mal!
Profesor Yamakawa/Arturo/Momoko: ¿¿¿EHHHHHH??? ¡DEREK!
Derek: ¿Qué? ¿Qué? ¡No entiendo nada!
Profesor Yamakawa: ¿Dónde está la profesora Ayumi?
Derek: Ayer me encontré con la profesora Ayumi. La profesora Ayumi dijo: «Ahora me voy a la peluquería».
Arturo: Derek, ¿dijiste «hospital»? ¿Dijiste «peluquería»?
Derek: Dije peluquería. ¿Por qué?
Momoko: ¡Ah! Lo siento.
Profesor Yamakawa: Momoko, ten cuidado, por favor. Estaba preocupado.
Momoko: Sí, sí... De verdad, ¡lo siento!
Profesor Yamakawa: No pasa nada, todos a clase, ¿de acuerdo?

Vocabulario extra:

ほか - Otro
何も - Nada
美容院・びよういん - Peluquería
気をつけてください - Ten cuidado, por favor

漢字ファイト！・かんじファイト!

¡Pelea de kanjis!

Nº	Kanji	Lectura on	Lectura kun	Palabras
77	毎 Cada (6)	まい		毎日・まいにち - Cada día 毎週・まいしゅう - Cada semana 毎朝・まいあさ - Cada mañana 毎晩・まいばん - Cada noche
78	社 Empresa, santurario (7)	しゃ		神社・じんじゃ) - Santuario 会社・かいしゃ - Empresa 社会・しゃかい - Sociedad 会社員・かいしゃいん - Trabajador de empresa
79	空 Cielo, vacío (8)	くう	そら、あ、から	空・そら - Cielo 空港・くうこう - Aeropuerto 空気・くうき - Aire 空く・あく - Estar vacío
80	友 Amigo (4)	ゆう	とも	友達・ともだち - Amigo 親友・しんゆう - Mejor amigo 友人・ゆうじん - Amigo
81	花 Flor (7)	か	はな	花・はな - Flor 花びん・かびん - Florero 花見・はなみ - Hanami 花火・はなび - Fuegos artificiales
82	語 Idioma (14)	ご		イタリア語・ご - Italiano (idioma) 日本語・にほんご - Japonés (idioma) 英語・えいご - Inglés (idioma) 母語・ぼご - Lengua materna
83	魚 Pescado (11)	ぎょ	うお、さかな	魚・さかな - Pescado 金魚・きんぎょ - Pez dorado
84	牛 Vaca (4)	ぎゅう	うし	牛・うし - Vaca 牛肉・ぎゅうにく - Ternera 牛乳・ぎゅうにゅう - Leche de vaca

漢字ファイト！・かんじファイト!

¡A practicar!

1. ¿Cómo se leen las siguientes palabras? Subraya la correcta:

a) 空気	1)くき	2) くうき	3) くうきい	4) くきい
b) 毎日	1) まいにち	2) まいつき	3) まいはち	4) まいたち
c) 外国	1) かいこく	2) がいこく	3) かいごく	4) がいごく
d) 高校	1) ここ	2)こうこう	3) こうこ	4) ここう
e) 学校	1) がこう	2) がこ	3) がっこ	4) がっこう
f) 大学	1) だいがく	2) たいがく	3) たいかく	4) だいかく
g) 赤い	1) あおい	2) あかい	3) しろい	4) くろい
h) 少し	1) すくし	2) すかし	3) すこし	4) すこうし

2. Escribe en hiragana los siguientes kanjis:

a) 母語 _____

b) 友人 _____

c) 足 _____

d) 古い _____

e) 西 _____

f) 右手 _____

3. Traduce las siguientes frases al español y escribe los kanjis en hiragana:

a) 私は父に花をかいました。
_____

b) 今日、魚をたべませんでした。
_____

c) 店で安くて、新しいノートをかってください。
_____

d) ソファで本をよむのが好きです。
_____

e) すみません、私は肉をたべません。
_____

Lectura y escritura

1. Lee la siguiente nota. ノートをよんでください。

ももこさん、
きのうかりた本、ありがとう。すごくおもしろいです。
あしたクラスでかえします。

あゆみ

あゆみ先生、
本はいいですね。百円の店でかったから、うれしいです。
ありがとうございます。こんど、あゆみ先生はおもしろい
本をかしてください。

ももこ

Vocabulario extra:

こんど（今度）- La próxima vez

2. Responde a las preguntas. しつもんにこたえてください。

a) だれがだれに何をかしましたか。
_____

b) いつかえしますか。
_____

c) こんど、だれがだれに本をかしますか。
_____

d) どこで本をかえしますか。
_____

e) 本はどうでしたか。
_____

書きと読み・かきとよみ

3. Escribe una nota a tu amigo con estos datos:

Tiempo: semana que viene, el martes por la tarde.

Lugar: la cafetería que está delante del parque.

Pídele, por favor, que traiga el juego que le prestaste ayer.

Examen

1. ¿Cómo se leen las siguientes palabras? Subraya la correcta:

a) 牛	1) ご	2) うし	3) こ	4) うじ
b) 長い	1) ちいさい	2) ちさい	3) ながい	4) とおい
c) 金よう日	1) どようび	2) かようび	3) きんようび	4) すいようび
d) 多い	1) おいい	2) おおい	3) おうい	4) ううい
e) 東	1) きた	2) みなみ	3) ひがし	4) にし
f) 天気	1) でんき	2) てんき	3) げんき	4) せんき
g) 一万円	1) いちせんえん	2) いちひゃくえん	3) いちもんえん	4) いちまんえん

2. Elige la palabra que completa la frase:

a) (　　) をつけてください

1) ドア　　　　2) かぎ　　　　3) いす　　　　4) 天気

b) もう (　　) をあらいましたか。

1) 手　　　　2) しゅくだい　　　　3) ノート　　　　4) ペン

c) 人が (　　) います。

1) 三人　　　　2) 三本　　　　3) 三こ　　　　4) 三足

3. Completa las frases con la partícula/interrogativo correcto:

a) えき( )となり (　　) 本や( )あります。

b) ラケルさんはびょうき (　　) 学校(　　)やすみました。

c) これ(　　)でんしゃです。あれ (　　) でんしゃです。

d) ここ (　　) 学校 (　　) １キロです。

e) まっすぐいって、つぎ ( ) かど ( ) 右 ( ) まがってください。

4. Crea una frase ordenando estas palabras:

a) 私・は・どれ・の・本・か・です

b) くだもの・おいしい・あまくて・たべました・を

c) ひこうき・いかなかった・さん・で・ロンドン・ヘマ・と・いって・いました・は・に

テスト

5. Elige el kanji/katakana correcto:

a) といれ	1) イトレ	2) イレト	3) トレイ	4) トイレ
b) しろい	1) 赤い	2) 白い	3) 黒い	4) 長い
c) みぎ	1) 左	2) 右	3) 友	4) 石
d) ぎたー	1) キター	2) キダー	3) ギター	4) ギガー
e) こども	1) 子ども	2) 仔ども	3) 字ども	4) 学ども
f) なか	1) 仲	2) 中	3) 占	4) 向
g) みみ	1) 目	2) 口	3) 手	4) 耳

6. Elige la frase que tenga el mismo significado:

a) イアンさんはジエさんにえんぴつをかしました。

    1. イアンさんはジエさんにえんぴつをかえました。

    2. ジエさんはイアンさんにえんぴつをかりました。

    3. ジエさんはジエさんにえんぴつをかえしました。

b) ここはでんしゃがあるところです。

    1. ここはきっさてんです。

    2. ここはとしょかんです。

    3. ここはえきです。

c) テーブルの上にふくがある。

    1. ふくの下にテーブルがある。

    2. テーブルの中にふくがある。

    3. ふくの中にテーブルがある。

d) 今日は水よう日です。

    1. あさっては火よう日です。

    2. きのうは日よう日でした。

    3. あしたは木よう日です。

TEMA 11
¿Has ido alguna vez a Corea del Sur?

第十一課
だい　　か

韓国に行ったことがありますか
かん こく　い

VOCABULARIO

「 観光と文化（かんこうとぶんか）」 Turismo y cultura
ホテル - Hotel
メニュー - Menú/carta
おみやげ - Souvenir
てんきよほう (天気予報) - Pronóstico del tiempo
おんせん (温泉) - Aguas termales
キャンプ - Acampar
よやく (予約) - Reserva (+する - reservar)
おてら (お寺) - Templo budista
じんじゃ (神社) - Santuario sintoísta
かみ (神) - Dios

単語・たんご

「いろいろな単語(いろいろなたんご)」 Vocabulario variado

ボタン - Botón
ほんだな (本棚) - Estantería
ヒーター - Calefactor
ぼうし - Sombrero/gorra/gorro
ポケット - Bolsillo
はな (花) - Flor
はがき (葉書) - Postal
てぶくろ (手袋) - Guantes

ペット - Mascota
こえ (声) - Voz
もしもし - ¿Dígame?
ゆうめいじん (有名人) - Persona famosa
せんもん (専門) - Especialidad
*Término amplio, especialidad en general.
せんこう (専攻) - Especialidad
*Se usa referido a los estudios.

「 表現や副詞など（ひょうげんやふくしなど） 」 Expresiones, adverbios y otros

Formal/Informal

こちら/こっち - Por aquí/Esta persona
そちら/そっち - Por ahí/Esa persona
あちら/あっち - Por allá/Aquella persona
どちら - ¿Por dónde?/¿Qué persona?/¿Cuál (entre 2)?

こんな - Este tipo de
そんな - Ese tipo de
あんな - Aquel tipo de
どんな - Qué tipo de

どのぐらい - Cuánto aprox.
どうやって - De qué forma
おそく - Tarde
はやく (早く) - Temprano
はやく (速く) - Rápido

LA GRAMÁTICA DE HOY

1. Estructuras con 「た」

Al igual que en el tema anterior, reunimos en un solo apartado todas las estructuras que tienen el mismo inicio. En este caso, el punto de conexión de estas estructuras es que todas comienzan con el verbo en forma corta en pasado afirmativo, es decir, la forma «た».

■ **Condicional 「~たら」**

Podemos entenderlo como «si se dan las condiciones de A (~たら), pasará B».

Ejemplo:
あめがふったら、こうえんにいきません。
Si llueve, no iré al parque.

■ **¿Qué tal si...? 「~たらどうですか」**

En esta estructura, orientada a dar consejos, hay que tener en cuenta el tono de la frase, ya que puede entenderse como grosero, brusco o maleducado. Por lo tanto, reserva esta estructura para dar consejos a personas con las que tienes confianza.

Ejemplos:
A: きのうからあたまがいたいです。
A: Me duele la cabeza desde ayer.
B: びょういんにいったらどうですか。
B: ¿Y qué tal si vas al médico?

■ **Consejos 「~たほうがいいです」**

Estos consejos, al contrario que los anteriores, no tienen ese matiz grosero, pero sí que transmiten con rotundidad las recomendaciones. Si el consejo consiste en HACER algo, el verbo irá con forma た; por el contrario, si el consejo consiste en NO HACER algo, el verbo estará en forma ない. Volveremos a repasarlo en el tema 13.

Ejemplos:
びょういんにいったほうがいいです。
Lo mejor sería que fueras al hospital.

パーティーへいかないほうがいいです。
Lo mejor sería que no fueras a la fiesta.

■ **Enumeración abierta 「~たり、~たりする」**

Una enumeración abierta quiere decir que la lista de acciones que aparecen reflejadas explícitamente no son todas las que se engloban en la enumeración. Podemos traducirlo como «etcétera», «entre otros», puntos suspensivos o simplemente con el tono de voz.

今日の文法・きょうのぶんぽう

Al ir todos los verbos en forma た + り (たり), acudimos al verbo irregular する, que aparece al final, para marcar las características de todos los verbos anteriores.

Ejemplo:

らいねん、友だちと日本にいきます。ラーメンをたべたり、ふじ山にいったり、マンガをかったりしたいです。

El año que viene iré a Japón con un amigo. Quiero comer ramen, ir al monte Fuji, comprar manga, etc.

■ **Experiencias 「~たことがあります」**

«¿Has ido alguna vez a París?», es el tipo de frases que podremos construir gracias a esta estructura. Para contestar, podremos decir de nuevo la frase completa en afirmativo o negativo, o simplemente decir 「はい、あります」o「いいえ、ありません」

Ejemplos:

キャビアをたべたことがありますか。

¿Has comido caviar alguna vez?

はい、あります。

Sí, lo he comido.

日本にいったことがありますか。

¿Has ido alguna vez a Japón?

いいえ、日本にいったことがありません。

No, no he ido nunca a Japón.

ともだちと新しいレストランへいったことがありますか。

¿Has ido alguna vez con tus amigos al restaurante nuevo?

■ **Después de 「V~た後で」 「Sust. + の+後で」**

¿Qué diferencia hay entonces con el 「~てから」que estudiamos en el tema 7? 「~てから」indica que la siguiente acción ha pasado justo después de la primera (la que va en forma て). En la actual 「~た後で」, la acción NO tiene que ser inmediatamente realizada a continuación de la primera, que va en forma た.

Ejemplos:

クラスがおわった後で、ラーメンをたべました。

Después de acabar la clase comí ramen.

しごとの後で、いっしょにビールをのみませんか。

Después del trabajo, ¿por qué no nos tomamos una cerveza juntos?

LA GRAMÁTICA DE HOY

ESPAÑOL	PRESENTE + CORTA	PASADO + CORTA	PRESENTE - CORTA	PASADO - CORTA
ALGO PARA				
DESAPARECER				
AYUDAR				
PEGAR				
ALGO SE ABRE				
ESCRIBIR				
PASAR				
RESERVAR				
ESTAR CANSADO				
NECESITAR				
TRABAJAR PARA				
HABLAR				
ORDENAR				
TERMINAR				
SUBIRSE				

今日の文法・きょうのぶんぽう

ESPAÑOL	PRESENTE + CORTA	PASADO + CORTA	PRESENTE - CORTA	PASADO - CORTA
PEDIR				
DIFERIR				
QUEDAR				
VOLAR				
DARSE PRISA				
VENDER				
TRABAJAR				
HACER				
TOMAR PRESTADO				
PRESTAR				
DEVOLVER				
CONSTRUIR				
ESCUCHAR				
SEPARAR				
PERDER				

¡A PRACTICAR!

1. Traduce las siguientes frases al japonés:

a) Después de comer, ve a comprar pan y vuelve a casa.

b) ¿Has leído alguna vez un libro de Oscar Wilde?

c) El año que viene iré a Japón. Iré de compras, beberé té e iré a museos, entre otras cosas.

d) Esta persona es Antonio Jiménez. Es abogado.

e) ¿Qué tipo de libros lees normalmente?

f) ¿De qué forma iremos a acampar?

g) Si reservas, no habrá problemas.

h) ¿Qué tal si compras un calefactor?

i) Lo mejor sería que hicieras ejercicio todas las semanas.

j) John, ¿puedo tomar prestado tu libro?

2. Traduce las siguientes frases al español:

a) こちらはコルドバ大学の三ねん生のアナさんです。

b) あそこでしゃしんをとっている女の人はぺぺさんの友だちですね。

c) きのうはよくない天気だったから、学校へいかなかった。

d) そのかみが長い男の人が好きです。

練習！練習！・れんしゅう！れんしゅう！

e) 高校にいく前に、はをみがいてください。
___

f) 安いレストランにいったらどうですか。
___

g) 日本にいって、日本語をべんきょうするつもりです。
___

h) 足がいたいですから、おてらにいきません。
___

i) クラスの後で、ラーメンをたべませんか。
___

j) すみません！バスがこなかったんです！
___

3. Haz una frase con:

a) ～たほうがいいです

b) ～た後で

c) ～とこたえます

d) つもりです

e) UNA RELATIVA

4. Une los siguientes elementos con su contador correcto:

a) くつ　　　　　•　　　　• 1) まい

b) シャツ　　　•　　　　• 2) 人

c) 人　　　　　•　　　　• 3) ひき

d) ざっし　　　•　　　　• 4) だい

e) くるま　　　•　　　　• 5) 本

f) ペン　　　　•　　　　• 6) かい

g) かさ　　　　•　　　　• 7) 足

h) ねこ　　　　•　　　　• 8) さつ

聞き取り・ききとり

Comprensión auditiva

1. Escucha las siguientes palabras y escríbelas:

a) _____

b) _____

c) _____

d) _____

e) _____

2. Escucha las siguientes frases y escríbelas:

a) _____

b) _____

c) _____

d) _____

e) _____

3. Escucha el audio y responde a las preguntas:

a) _____

b) _____

c) _____

d) _____

e) _____

4. Elige la opción correcta:

a)   1.   2.   3.   4.

b)   1.   2.   3.   4.

c)   1.   2.   3.   4.

d)   1.   2.   3.   4.

e)   1.   2.   3.   4.

日本文化・にほんぶんか

Cultura japonesa

Folclore popular - YŌKAI

¿Conoces los Yōkai? ¿Has tenido algún encuentro con ellos?

Nos ponemos misteriosos para presentar a estas criaturas del folclore popular japonés. Los Yōkai son unos seres espectrales que viven a nuestro alrededor y que pueden tener malas intenciones.

Algunos tienen formas más humanoides y otros son más parecidos a animales, como podemos ver en las ilustraciones. En la ilustración de la izquierda tenemos a una rokurokubi, un Yōkai humanoide que por las noches se transforma en un monstruo de largo cuello... Se dice que algunas rokurokubi ni siquiera saben que lo son... ¿Quizá tú seas una de ellas? A la derecha encontramos un kappa o ser del río/lago... Estos seres intentan que te acerques a la orilla para divertirse mientras te ahogas. Son muy atractivos para los niños, que querrán ir a jugar con ellos, adentrándose en el agua... Ahora la orilla del río no parece tan segura, ¿verdad?

Si investigas, verás que estos seres aparecen en muchas de tus series, videojuegos o mangas favoritos. ¿Conoces alguno?

Diálogo

あゆみ先生は学生と旅行について話しています。
あゆみ先生：じゃ！みなさん！聞いてくださいね！明日は旅行ですから、じゅんびしましょう！沖縄に行きます。海に行ったり、レストランで食べたり、買い物したりするつもりです。雨が降ったら、ホテルであそびます。お酒を飲んではいけません。飛行機のチケットがない人がいますか。
アルトゥーロ：はい！私！パスポートの問題があると思います。
あゆみ先生：わかります。市役所にいったらどうですか。
アルトゥーロ：そうします。クラスが終わった後で、行きます。
あゆみ先生：じゃ、明日午前六時に空港の前に会いますね。

みなさんがホテルにいます。
あゆみ先生：みなさん！ここは私たちのホテルです。今、荷物をならべて、もうーどここに来てください。
ももこ：水着は？
あゆみ先生：着てください。海に行きますから。
デレックさん：先生！私はプールに行ってもいいですか。
あゆみ先生：いいえ、いっしょに行きます。海から帰ってから、プールに行きます。いいですか。

海で話しています。
ももこ：いい天気だね！
デレック：はい！うれしい！アルトゥーロさん、スペインの海はどうですか。
アルトゥーロ：スペインの海はとてもきれいですが、南の海はあついです。すごくあつい。
ももこ：そうですか。北の海はさむいですか。
アルトゥーロ：さむくないですが。。。ちょっとあついです。北は南ととてもちがいます。
デレック：アルトゥーロさんはどこに住んでいますか。
アルトゥーロ：東にある小さい村に住んでいます。
ももこ：その村はあついですか。さむいですか。
アルトゥーロ：夏はちょっとあついです。冬はちょっとさむいです。かんぺきな村です！
あゆみ先生：みなさん！もう四時ですから、ホテルに帰りましょう！かばんをとってね！ここからホテルまで三十分かかりますから、水もとってください。

会話・かいわ

Español

La profesora habla con los alumnos sobre el viaje.

Prof. Ayumi: Bueno, ¡chicos! ¡Escuchen, por favor! Como mañana es el viaje, ¡vamos a prepararnos! Nos vamos a Okinawa. Se supone que iremos a la playa, comeremos en restaurantes, iremos de compras... Si lloviera, pasaríamos el rato en el hotel. Está prohibido beber alcohol. ¿Hay alguien que no tenga el boleto de avión?
Arturo: ¡Sí, yo! Creo que hay problemas con mi pasaporte.
Prof. Ayumi: Entiendo. ¿Qué tal si vas al ayuntamiento?
Arturo: Eso haré. Después de acabar la clase, voy.
Prof. Ayumi: Bueno, nos vemos mañana frente al aeropuerto a las 6 de la mañana, ¿de acuerdo?

Todos están en el hotel.

Prof. Ayumi: ¡Chicos! Este es nuestro hotel. Ahora ordenen el equipaje y vengan aquí otra vez, por favor.
Momoko: ¿Y el traje de baño?
Prof. Ayumi: Póntelo, por favor. Porque nos vamos a la playa.
Derek: ¡Profesora! ¿Yo puedo ir a la piscina?
Prof. Ayumi: No, vamos juntos. Después de volver de la playa, iremos a la piscina, ¿está bien?

Hablando en la playa.

Momoko: Qué buen tiempo, ¿verdad?
Derek: ¡Sí! ¡Qué contento estoy! Arturo, ¿cómo son las playas de España?
Arturo: Las playas de España son muy bonitas, pero las playas del sur... son calurosas. SUPERCALUROSAS.
Momoko: ¿Ah, sí? ¿Las playas del norte son frías?
Arturo: No son frías, pero... son poco calurosas. El norte y el sur son muy diferentes.
Derek: ¿Dónde vives tú?
Arturo: Vivo en un pueblo que está en el este.
Momoko: ¿Ese pueblo es caluroso? ¿Es frío?
Arturo: En verano hace un poco de calor. En invierno hace un poco de frío. ¡Es el pueblo perfecto!
Prof. Ayumi: ¡Chicos! Como ya son las 16 h, ¡volvemos al hotel! Tomen las mochilas, ¿eh? Como tardamos treinta minutos desde aquí hasta el hotel, lleven agua también, por favor.

Vocabulario extra:

じゅんびする - Prepararse
パスポート - Pasaporte
しやくしょ - Ayuntamiento
みずぎ（水着）- Traje de baño
むら - Pueblo
かんぺき（な）- Perfecto
かかります(かかる) - Tardar

漢字ファイト！・かんじファイト！

¡Pelea de kanjis!

Nº	Kanji	Lectura on	Lectura kun	Palabras
85	今 Ahora (4)	こん、きん	いま	今・いま - Ahora 今日・きょう - Hoy 今朝・けさ - Esta mañana 今晩・こんばん - Esta noche 今年・ことし - Este año
86	年 Año (6)	ねん	とし	年・ねん/とし - Año 少年・しょうねん - Chico, muchacho 青年・せいねん - Joven 〜年間・ねんかん - Periodo de X años
87	週 Semana (10)	しゅう		週・しゅう - Semana 来週・らいしゅう - La semana que viene 先週・せんしゅう - La semana pasada 〜週間・しゅうかん - Periodo de X semanas
88	道 Camino (11)	どう	みち	道・みち - Calle, camino 道具・どうぐ - Herramienta 剣道・けんどう - Kendo 柔道・じゅうどう - Judo
89	間 Espacio (12)	かん、けん、げん	あいだ、ま	間・あいだ - Entre 時間・じかん - Tiempo 人間・にんげん - Humano 間に合う・まにあう - Estar a tiempo 間違える・まちがえる - Equivocarse (る) 間違い・まちがい - Equivocación
90	雨 Lluvia (8)	う	あめ	雨・あめ - Lluvia 小雨・こさめ - Lluvia suave 大雨・おおあめ - Lluvia fuerte
91	駅 Estación (14)	えき		駅・えき - Estación 駅員・えきいん - Personal de la estación

> **¡Atención!**
>
> Revisa el vocabulario del tema 3 y vuelve a estudiar el uso de estos kanjis en ese contexto.

漢字ファイト！・かんじファイト!

¡A practicar!

1. ¿Cómo se leen las siguientes palabras? Subraya la correcta:

a) 今日	1) きょ	2) きょう	3) きお	4) きおう
b) 肉	1) にく	2) さかな	3) やさい	4) たまご
c) 学校	1) がこう	2) がっこ	3) がっこう	4) かこう
d) 間	1) あいだ	2) なか	3) うしろ	4) そと
e) 左	1) みぎ	2) ひだり	3) なか	4) あいだ
f) 外	1) たと	2) そと	3) なか	4) がい
g) 空	1) てんき	2) くるま	3) あし	4) そら
h) 母	1) はは	2) ちち	3) あね	4) あに

2. Escribe en hiragana los siguientes kanjis:

a) 日本語 _____

b) 二週間 _____

c) 駅の前 _____

d) 外国 _____

e) 西 _____

f) 午後 _____

3. Traduce las siguientes frases al español y escribe los kanjis en hiragana:

a) 日本に三週間いました。
_____

b) 私は新しい本を五さつかいました。
_____

c) この道はちがうとおもいます。
_____

d) 毎日花をかって、お父さんにあげます。
_____

e) 先週、友だちと学校でたべました。
_____

Lectura y escritura

1. Lee los siguientes textos e introduce la opción correcta:

「HOLA」はすごい店です。毎日この店を見ます。「HOLA」はうちの近くですから。
（１）、うちに帰る前に、店で買います。昨日おいしいケーキを（２）。お母さんと
（３）、宿題をしました。

1。 1. だから　　　　　2. それから　　　　3. しかし　　　　　4. でも

2。 1. かう　　　　　　2. かい　　　　　　3. かいます　　　　4. かいました

3。 1. たべて　　　　　2. たべた　　　　　3. たべまして　　　4. たべました

昨日、友だち（４）会いました。新しいレストランへ（５）に行きました。食べものはちょっと（６）から、あまり食べませんでした。（７）すごくおいしかったです。

4。 1. と　　　　　　　2. は　　　　　　　3. に　　　　　　　4. を

5。 1. たべます　　　　2. たべる　　　　　3. たべ　　　　　　4. たべた

6。 1. 高いです　　　　2. 高くない　　　　3. 高くなかったです　4. 高かったです

7。 1. それから　　　　2. から　　　　　　3. しかし　　　　　4. では

来週、マリアさんは難しいテストがあります。（８）毎日（９）ほうがいいです。しかし、マリアさんは勉強していません。漢字は難しいですから、（１０）ください。

8。 1. それから　　　　2. だから　　　　　3. しかし　　4. 今日

9。 1. べんきょうする　2. べんきょうしました　3. べんきょうして　4. べんきょうした

10。 1. べんきょうする　2. べんきょうしました　3. べんきょうして　4. べんきょうした

今日デパート（１１）行きました。好きなスカート（１２）買いました。喫茶店（１３）行きました。（１４）コーヒーを飲みみました。

11。 1. の　　　　　　　2. に　　　　　　　3. は　　　　　　　4. が

12。 1. を　　　　　　　2. に　　　　　　　3. は　　　　　　　4. が

13。 1. はも　　　　　　2. でも　　　　　　3. がも　　　　　　4. にも

14。 1. 青い　　　　　　2. 赤い　　　　　　3. おいしい　　　　4. 新しい

書きと読み・かきとよみ

2. Lee los siguientes textos y elige la opción correcta:

先月私はお母さんに本を買いました。先週、母は友だちにその本を貸しましたから、私はまだ読んでいません。母は友だちに本を返してくださいと言いました。しかし、友だちは「本、もうありません。お姉さんに貸しました。明日返します。」とこたえました。

1. 本はどこですか。

    1. 私のうちです。
    2. 母のうちです。
    3. 母の友だちのうちです。
    4. 母の友だちのおねえさんのうちです。

今年の夏、外国に行きました。かみが長い男の人に会いました。いっしょにレストランで食べたり、買い物したりしました。毎日会いました。しかし、電話ばんごうがわかりません。ざんねんですね。

2. いつあいましたか。

    1. 今年のはるにあいました。
    2. 今年のふゆにあいました。
    3. 今年のなつにあいました。
    4. 今年のあきにあいました。

今日新しい店に行くつもりでしたが、宿題はまだしていませんでした。だから、うちで勉強します。明日時間があったら、行きます。

3. その店はどうですか。

    1. 古い
    2. 新しい
    3. 高い
    4. 長い

Examen

1. ¿Cómo se leen las siguientes palabras? Subraya la correcta:

a) 外国　　1) かいこく　　2) がいこく　　3) そとこく　　4) たとこく

b) 今週　　1) こんしゅう　2) ごんしゅう　3) こんしゅ　　4) ごんしゅ

c) 小雨　　1) こうさめ　　2) こおさめ　　3) こさめ　　　4) こざめ

d) 東　　　1) きた　　　　2) みなみ　　　3) ひがし　　　4) にし

e) 白い　　1) あかい　　　2) あおい　　　3) しろい　　　4) くろい

f) 午前　　1) ここ　　　　2) ごご　　　　3) ごぜん　　　4) ごせん

g) 道　　　1) みし　　　　2) みち　　　　3) くび　　　　4) くひ

2. Elige la palabra que completa la frase:

a) ここからびょういんまで（　　　）いきますか。

1) どこ　　　2) だれ　　　　　3) どの　　　　4) どうやって

b) 山に（　）バスはどれですか。

1) いく　　　2) いかない　　　3) いった　　　4) いかなかった

c) この道はちがいます。その人に（　　　）。

1) ききます　2) ききましょう　3) ききました　4) きいて

3. Completa las frases con la partícula/interrogativo correcto:

a) らいねん外国（　　　）いくつもりです。

b) 学校は（　　　）時から（　　　）時までですか。

c) ホルヘさんは（　　　）年生ですか。

d) 天気（　）いいですから、としょかん（　）本（　）かり（　）いきます。

e) すみません、あのとけい（　　　）（　　　）ですか。

4. Crea una frase ordenando estas palabras:

a) となり・は・います・の・私・に・すんで・スーパー

b) いません・べんきょう・して・まだ

c) どれ・の・かさ・か・は・です・あなた

テスト

5. Elige el kanji/katakana correcto:

a) いま	1) 全	2) 会	3) 今	4) 令
b) ことし	1) 今年	2) 今午	3) 令宇	4) 会年
c) えき	1) 馭	2) 駆	3) 駄	4) 駅
d) にほんご	1) 日本設	2) 日本語	3) 日木討	4) 日木記
e) くに	1) 国	2) 困	3) 囮	4) 固
f) そと	1) 夘	2) 名	3) 多	4) 外
g) あと	1) 後	2) 係	3) 級	4) 紋

6. Elige la frase que tenga el mismo significado:

a) 私のたんじょうびは五月二十七日です。

　　1. 私は五月二十七日に生まれました。

　　2. 私は五月二十七日にしにました。

　　3. 私は五月二十七日にたんじょうびました。

b) このゲームはおもしろくないです。

　　1. このゲームはたのしいです。

　　2. このゲームは高いです。

　　3. このゲームはつまらないです。

c) たくさん人がこの人をしっています。

　　1. この人はゆうめい人。

　　2. この人はゆめ人。

　　3. この人はだれですか。

d) けさ、あまりたべませんでした。

　　1. 今日のあさあまりたべませんでした。

　　2. 今日のひるあまりたべませんでした。

　　3. 今日のよるあまりたべませんでした。

TEMA 12
¡Quiero volver!

第十二課
帰りたい！

VOCABULARIO

IRR

- Pelear: けんかする
- Estudiar en el extranjero: りゅうがくする / 留学する
- Presentar: しょうかいする / 紹介する

る

- Dejar/abandonar: やめる
- Romper/separar: わかれる / 別れる

「な形容詞 (なけいようし)」 Adjetivos な

いや - Desagradable
べんり　(便利) - Útil
あんぜん (安全) - Seguro
たいせつ (大切) - Importante

「い形容詞 (いけいようし)」 Adjetivos い

ほそい　(細い) - Fino
わかい　(若い) - Joven
よわい　(弱い) - Débil
つよい　(強い) - Fuerte
ひろい　(広い) - Amplio
せまい　(狭い) - Estrecho
つめたい (冷たい) - Frío (objeto)
はやい　(早い) - Temprano
はやい　(速い) - Rápido

とおい　(遠い) - Lejano
ぬるい　(温い)- Templado (objetos)
くらい　(暗い) - Oscuro
にがい　(苦い)- Amargo
いたい　(痛い)- Doloroso
まるい　(円い)- Redondo
かっこいい - Atractivo
すくない (少ない) - Poco/apenas

単語・たんご

「果物（くだもの）」Fruta

りんご　　- Manzana
オレンジ - Naranja
みかん　 - Mandarina
いちご　 - Fresa
メロン　 - Melón
スイカ　 - Sandía

パイナップル - Piña
チェリー　- Cereza
バナナ　　- Plátano/banana
ぶどう　　- Uva
レモン　　- Limón
もも (桃) - Durazno

「 表現や副詞など（ひょうげんやふくしなど） 」Expresiones, adverbios y otros

おだいじに (お大事に) - Cuídate/mejórate/ponte bien
どちらでもいいです - Ambos están bien
まる「〇」- Correcto
ばつ「×」- Incorrecto
たとえば (例えば) - Por ejemplo
だけ - Solo (afirmativo)
しか - Solo (negativo)

「 日本の町（にほんのまち） 」Ciudades de Japón

とうきょう (東京) - Tokio
おおさか (大阪) - Osaka
なごや (名古屋) - Nagoya
なら (奈良) - Nara
きょうと (京都) - Kioto
ひろしま (広島) - Hiroshima
ながさき (長崎) - Nagasaki
ほっかいどう (北海道) - Hokkaido
よこはま (横浜) - Yokohama
こうべ (神戸) - Kobe
さいたま (埼玉) - Saitama

LA GRAMÁTICA DE HOY

1. Quiero...「V〜たいです」「SUST. + がほしい」

Para expresar el deseo de algo, hay que tener en cuenta, en primer lugar, que el sujeto siempre será 私, igual que pasaba con「とおもいます」.

- **「V〜たいです」**

En este caso expresamos nuestro deseo de realizar una acción. La construcción consiste en poner el verbo en raíz (ya sabes, la forma ます, quitándole ます) y añadiendo たいです. Si queremos ponerlo en forma corta, eliminaremos です.

Con esta estructura, que se llama forma たい, el verbo se podrá conjugar IGUAL que un adjetivo い. Y lo que deseemos lo podremos marcar con を o con が.

	AFIRMATIVO	NEGATIVO
PRESENTE	のみたいです	のみたくないです
PASADO	のみたかったです	のみたくなかったです

Ejemplo:
ロンドンにいきたかったですから、えいごをべんきょうしました。
Como quería ir a Londres, estudié inglés.

- **「SUST. + がほしいです」**

Para indicar que queremos una cosa (un sustantivo), usaremos este adjetivo い.

Ejemplo:
ケーキがほしいです。
Quiero tarta.

2. Comparativo

Para poder establecer qué es más (A) y qué es menos (B) en una frase en japonés, debemos marcar cada parte con のほうが y より respectivamente. Por lo tanto, la estructura quedaría así:

> A のほうが B より ADJ. です

Ejemplo:
くるまのほうがじてんしゃよりはやいです。
El coche es más rápido que la bicicleta.

Se pueden encontrar diversas variantes de esta estructura, las cuales se enumeran a continuación:

今日の文法・きょうのぶんぽう

> A は B より ADJ. です
>
> A のほうが ADJ. です
>
> B より ADJ. です

Ejemplos:

くるまはじてんしゃよりはやいです。
El coche es más rápido que la bicicleta.

くるまのほうがはやいです。
El coche es más rápido.

じてんしゃよりはやいです。
La bicicleta es menos rápida.

Sin embargo, este apartado no estaría completo si no aprendemos cómo preguntar qué es más y qué es menos. どちら expresa «cuál de los dos» y tiene una forma corta: どっち.

> A と B とどちらのほうが ADJ. ですか。
>
> A と B とどっちのほうが ADJ. ですか。

Ejemplo:

くるまとじてんしゃと**どちら**のほうがはやいですか。
くるまとじてんしゃと**どっち**のほうがはやい?
¿Cuál es más rápido, el coche o la bicicleta?

LA GRAMÁTICA DE HOY

ESPAÑOL	PRESENTE + CORTA	FORMA て	FORMA ない	FORMA たい
ALGO PARA				
ABANDONAR				
AYUDAR				
PEGAR				
ALGO SE ABRE				
ESCRIBIR				
PASAR				
RESERVAR				
ESTAR CANSADO				
NECESITAR				
TRABAJAR PARA				
HABLAR				
ORDENAR				
TERMINAR				
SUBIRSE				

今日の文法・きょうのぶんぽう

ESPAÑOL	PRESENTE + CORTA	FORMA て	FORMA ない	FORMA たい
PEDIR				
DIFERIR				
QUEDAR				
HACER				
DARSE PRISA				
VENDER				
TRABAJAR				
VENIR				
TOMAR PRESTADO				
PRESTAR				
DEVOLVER				
CONSTRUIR				
ESCUCHAR				
ROMPER				
PERDER				

¡A PRACTICAR!

1. Traduce las siguientes frases al japonés:

a) Quiero comprar un coche nuevo.
___

b) El año pasado quería ir a Italia, pero me enfermé.
___

c) ¿Quieres que vayamos juntas a Japón en 2029?
___

d) Quiero comer tarta una vez más, pero me duele el estómago.
___

e) Rusia es más grande que España.
___

f) ¿Cuál está más rico, la fresa o el durazno?
___

g) Mañana se supone que iré a comer a un restaurante bonito.
___

h) Quiero pescado.
___

i) Quiero comer pescado.
___

j) Lo siento, yo no quería leer este libro.
___

2. Traduce las siguientes frases al español:

a) もっとやさいをたべたほうがいいですね。
___

b) ひるごはんをたべた後で、手をあらってください。
___

c) あした雨がふるとおもいます。
___

d) 先週うみにいくつもりでしたが、あたまがいたかったですから、いきませんでした。
___

練習！練習！・れんしゅう！れんしゅう！

e) どうしてこなかったんですか。
_____

f) セルマさんはせが高くて、いい人です。
_____

g) あそこでとまっているくるまは私のくるまです。
_____

h) ゴルフがとても上手ですね。
_____

i) もうさむくなったね。
_____

3. Haz una frase con estas estructuras:

a) ADJ. + なる

b) Vて、Vます

c) つもりです

d) てから、

e) V前に、

f) まだ〜ていません

4. Traduce las siguientes palabras:

a) Oscuro _____   i) ゆっくり _____   p) エレベーター _____

b) ゆうべ _____   j) Rápido _____   q) びじゅつかん _____

c) Amable _____   k) Fuerte _____   r) Importante _____

d) ざっし _____   l) Frío _____   s) Rápidamente _____

e) くるま _____   m) Lejano _____   t) Caluroso _____

f) うる _____   n) Amargo _____   u) けさ _____

g) かさ _____   ñ) Dulce _____   v) Bote de basura _____

h) つかう _____   o) Más _____   w) Manzana _____

聞き取り・ききとり

Comprensión auditiva

1. Escucha las siguientes palabras y escríbelas:

a) _____

b) _____

c) _____

d) _____

e) _____

2. Escucha las siguientes frases y escríbelas:

a) _____

b) _____

c) _____

d) _____

e) _____

3. Escucha el audio y responde a las preguntas:

a) _____

b) _____

c) _____

d) _____

e) _____

4. Elige la opción correcta:

a)   1.   2.   3.   4.

b)   1.   2.   3.   4.

c)   1.   2.   3.   4.

d)   1.   2.   3.   4.

e)   1.   2.   3.   4.

日本文化・にほんぶんか

Cultura japonesa

La cultura del respeto y la educación

El día 11 de marzo de 2011, el mundo descubrió (por desgracia) que Japón es un país donde la educación y el respeto se alzan como las bases de su sociedad. Por supuesto, no es un país perfecto, tiene defectos, tiene crisis, tiene aspectos que no nos gustan, pero esos días vimos muchas de las cosas positivas que tiene la sociedad japonesa.

Ese día, un terremoto, un tsunami y una crisis nuclear tuvieron lugar en el País del Sol Naciente. Demasiadas desgracias para un país en tan poco tiempo. Sin embargo, los japoneses demostraron que saben actuar ante esas circunstancias. Recomiendo investigar los titulares y las noticias sobre la sociedad japonesa durante esos días. Quizá muchos de ustedes lo recuerden: filas perfectamente ordenadas ante los supermercados destrozados o centros de rescate. Ayuda mutua, organización y buen hacer.

La educación en Japón tiene características muy buenas y otras muy malas. Se respeta a las personas mayores, a la tradición, la familia y, en resumen, a todos los que te rodean. En las escuelas se enseña desde muy pequeños a limpiar tu aula, el espacio de trabajo... Pero, como hemos dicho, también tiene sus aspectos negativos: *bullying* al que es diferente, poca información sobre lo que no es el «estándar japonés» de persona, depresión, ansiedad, estrés por cumplir esos objetivos que marca la sociedad...

La salud mental en edad escolar es una asignatura pendiente no solo en Japón, sino en muchos países. Si estás en una situación parecida, busca ayuda, no estás solo.

Diálogo

デレックさん、ももこさんとアルトゥーロさんは公園で話しています。

デレック：今日はいい天気だね。

ももこ：もう五月だね。

アルトゥーロ：えっ？デレックさんとももこさんは、今「です」をつかいませんでした。どうしてですか。

デレック：アルトゥーロさん、私たちは友だちだね。

アルトゥーロ：はい、そうです。

ももこ：だから、「だ」をつかってもいい。

アルトゥーロ：本当ですか。あっ、すみません。本当？

デレック：（笑）そして、「デレック」だけもいい。

アルトゥーロ：じゃ。。。ありがとう。。。デレック。

デレック：いいよ、いいよ、アルトゥーロ。

ももこ：私も「ももこ」だけいい！

アルトゥーロ：今日おこのみやきを食べたいよ！

ももこ：じゃ、行きましょう！

おこのみやきの店の前で話しています。

アルトゥーロ：子どもの時、何になりたかった？

デレック：あああ。。。私、医者になりたかったよ。ももこは？

ももこ：私も医者になりたかった！でも、今も、医者になりたい。

アルトゥーロ：すごい！

ももこ：アルトゥーロは？

アルトゥーロ：じつは、おぼえない。

デレック：じゃ、今は？

アルトゥーロ：べんごしになりたい。

ももこ：どうして？

アルトゥーロ：いい人を手伝いたい。今年の十月から大学がはじまる。

デレック：大学。。。頑張ってね！

アルトゥーロ：はい！もうすぐスペインに帰る。。。じつは、帰りたい。家族に会いたい。

ももこ：「帰りたい」？私はアルトゥーロと大学で勉強したいよ。。。

デレック：私も。。。

アルトゥーロ：デレック、ももこ...

会話・かいわ

Español

Derek, Momoko y Arturo están hablando en un parque.

Derek: Qué buen tiempo hace hoy, ¿no?
Momoko: Ya es mayo, eh…
Arturo: ¿Eh? Derek y Momoko, no han usado «DESU». ¿Por qué?
Derek: Arturo, somos amigos, ¿no?
Arturo: Sí, así es.
Momoko: Así que podemos usar «DA».
Arturo: ¿Eso es en serio? Ay, perdón, ¿en serio?
Derek: (Risas). Además, puedes decir solo «Derek» (sin el «san»).
Arturo: Bueno… Gracias…, Derek.
Derek: Nada, nada…, Arturo.
Momoko: ¡A mí también pueden llamarme solo «Momoko»!
Arturo: ¡Hoy quiero comer okonomiyaki!
Momoko: ¡Entonces, vámonos!

Hablando delante de la tienda de okonomiyaki.

Arturo: Cuando eran niños, ¿qué querían llegar a ser?
Derek: Ah… Yo quería ser médico. ¿Y tú, Momoko?
Momoko: ¡Yo también quería ser médico! Pero ahora también quiero ser médico.
Arturo: ¡Impresionante!
Momoko: ¿Y tú?
Arturo: La verdad es que no me acuerdo.
Derek: Bueno, ¿y ahora?
Arturo: Quiero ser abogado.
Momoko: ¿Por qué?
Arturo: Quiero ayudar a las personas buenas. La universidad empezará en octubre de este año.
Derek: ¡Ánimo con la uni!
Arturo: ¡Sí! Ya mismo volveré a España… La verdad es que quiero volver. Quiero ver a mi familia.
Momoko: ¿Quieres volver? Yo quiero estudiar en la universidad contigo…
Derek: Yo también…
Arturo: Derek, Momoko…

Vocabulario extra:

（笑）- Risas
おこのみやき - Okonomiyaki (plato de comida)

漢字ファイト！・かんじファイト！

¡Pelea de kanjis!

Nº	Kanji	Lectura on	Lectura kun	Palabras
92	行 Ir, viaje (6)	こう、 きょう	い、おこな	行く・いく - Ir 銀行・ぎんこう - Banco 旅行・りょこう - Viaje
93	飲 Beber (12)	いん	の	飲み物・のみもの - Bebida 飲む・のむ - Beber
94	食 Comer (9)	しょく	た	食べる・たべる - Comer 食べ物・たべもの - Comida 食堂・しょくどう - Comedor 食事・しょくじ - Una comida 朝食・ちょうしょく - Desayuno 昼食・ちゅうしょく - Almuerzo 夕食・ゆうしょく - Cena
95	会 Encuentro, asociación (6)	かい	あ	会う・あう - Encontrarse, quedar 会社・かいしゃ - Empresa 教会・きょうかい - Iglesia 協会・きょうかい - Asociación 会話・かいわ - Conversación
96	言 Decir, palabra (7)	げん	い、こと	言う・いう - Decir 言葉・ことば - Palabra, idioma 言語・げんご - Lenguaje
97	聞 Escuchar, preguntar (14)	ぶん	き	聞く・きく - Escuchar 聞こえる・きこえる - Poder escuchar (る) 新聞・しんぶん - Periódico

1. Encuentra las palabras de la lista en esta sopa de kanjis y tradúcelas:

火	上	後	学	前	間	時	本
毎	手	水	外	校	友	花	目
上	気	毎	気	空	国	本	語
日	前	天	気	名	外	好	時
外	本	安	小	雨	安	先	生
今	手	語	名	学	午	前	右
少	年	手	前	男	後	何	女
時	大	肉	店	毎	月	時	母

- 天気
- 何時
- 日本語
- 名前
- 学校
- 午後
- 午前
- 上手
- 外国
- 毎月
- 今年
- 先生
- 時間
- 小雨

漢字ファイト！・かんじファイト！

¡A practicar!

2. ¿Cómo se leen las siguientes palabras? Subraya la correcta:

a) 聞く	1) きく	2) さく	3) あく	4) ちく
b) 会う	1) あう	2) おう	3) いう	4) さう
c) 新聞	1) じんぶん	2) しんぷん	3) しんぶん	4) しんふん
d) 食べる	1) のめる	2) あかる	3) たがる	4) たべる
e) 飲む	1) のむ	2) よむ	3) そむ	4) ろむ
f) 行く	1) あく	2) いく	3) えく	4) おく
g) 会社	1) しゃかい	2) かいしゃ	3) かいじゃ	4) がいしゃ
h) 言う	1) あう	2) おう	3) いう	4) さう

3. Escribe en hiragana los siguientes kanjis:

a) 週間 _____

b) 外国 _____

c) 古い _____

d) 花火 _____

e) 魚 _____

f) 肉 _____

4. Traduce las siguientes frases al español y escribe los kanjis en hiragana:

a) あした、学校で、先生に聞いてくださいね。
_____

b) 外国に行ったことがありますか。
_____

c) この道が大好きです。
_____

d) レストランで食べている女の人はだれですか。
_____

e) 木よう日七時に会いませんか。
_____

Lectura y escritura

1. Lee los siguientes textos e introduce la opción correcta:

私は日本に（１）です。東京で写真をとったり、ラーメンを食べたりしたいです。（２）お金がありませんから、頑張っています。毎日午前七時（３）午後五時まで、働きます。

1。1. 行きません　　2. 行く　　　　3. 行きたい　　4. 行かない

2。1. それから　　　2. だから　　　3. しかし　　　4. それで

3。1. が　　　　　　2. は　　　　　3. に　　　　　4. から

ホセさんは先週本や（４）行きました。たくさん本を（５）から、今お金が（６）。ざんねんですね。（７）、今いつも本を読んでいます。

4。1. と　　　　　　2. は　　　　　3. へ　　　　　4. を

5。1. かって　　　　2. かいました　3. かわった　　4. かあった

6。1. あります　　　2. ありました　3. ありません　4. ありませんでした

7。1. それから　　　2. だから　　　3. 今日　　　　4. では

私の好きな店はABCです。ABCは（８）、かわいいです。この店で毎週（９）。ペンやノートなど（１０）あります。

8。1. 大きくて　　　2. 大きく　　　3. 大きて　　　4. 大きい

9。1. かいません　　2. かいます　　3. かいました　4. かいませんでした

10。1. へ　　　　　　2. に　　　　　3. と　　　　　4. が

駅の前に（１１）人の名前は（１２）ですか。本当に（１３）。多分ジョセリンです。多分エリカです。その人の友だち（１４）なりたいです。

11。1. ある　　　　　2. いる　　　　3. える　　　　4. おる

12。1. だれ　　　　　2. 何　　　　　3. いつ　　　　4. どこ

13。1. わかりません　2. かわりません　3. がわりません　4. わがりません

14。1. の　　　　　　2. に　　　　　3. で　　　　　4. と

書きと読み・かきとよみ

2. Lee los siguientes textos y elige la opción correcta:

先生、
まだ宿題(しゅくだい)をしていませんから、明日(あした)おくってもいいですか。じつは、宿題(しゅくだい)をいえでわすれました。ごめんなさい。

1. しゅくだいはいつおくりたいですか。
　　1. きのう
　　2. 今日
　　3. あした
　　4. あさって

昨日(きのう)お母さんと食べましたから、今日お父さんと食べるつもりでしたが、お父さんがこなかった。時間がないと言っていました。しかし、明日(あした)いっしょに新しいレストランに行きますから、うれしいです。

2. どうしてお父さんがこなかったんですか。
　　1. バスがないんです。
　　2. お金がないんです。
　　3. 時間がないんです。
　　4. レストランがないんです。

今朝(けさ)私はお姉(ねえ)さんと喫茶店(きっさてん)へ行きました。おねえさんはコーヒーを飲みましたが、私はお茶(ちゃ)を飲みました。おねえさんは少ししか飲みませんでしたが、おなかがいたくなりました。だから、すぐ帰(かえ)りました。ケーキを食べたいです。

3. 「私」は何を飲みましたか。
　　1. ビール
　　2. コーヒー
　　3. おちゃ
　　4. ジュース

Examen

1. ¿Cómo se leen las siguientes palabras? Subraya la correcta:

a) 少し　　　1) すくし　　2) すこし　　3) すかし　　4) すきし

b) 人間　　　1) にんぺん　2) にんへん　3) にけん　　4) にんげん

c) 店　　　　1) みせ　　　2) いす　　　3) かさ　　　4) うち

d) 魚　　　　1) さかな　　2) にく　　　3) はな　　　4) みみ

e) 雨　　　　1) あみ　　　2) あむ　　　3) あめ　　　4) あぬ

f) 牛　　　　1) とし　　　2) ねん　　　3) うし　　　4) うじ

g) 時間　　　1) とかん　　2) きかん　　3) じかん　　4) しかん

2. Elige la palabra que completa la frase:

a) (　　) に花をいれてください。

1) 花びん　　　2) いす　　　3) テブール　　4) ペン

b) すみません、(　　) でくつをぬいでください。

1) へや　　　　2) だいどころ　3) げんかん　　4) かいだん

c) 今日 (　　) へかいものに行きました。

1) としょかん　2) 学校　　　3) 大学　　　4) デパート

3. Completa las frases con la partícula/interrogativo correcto:

a) パコさんはぎんこう (　) つとめています。

b) いもうと (　　) あそんでいます。

c) 駅までバス (　　) 行くつもりです。

d) 木よう日 (　　) こうえん (　　) さんぽしたいです。

e) あそこでビールを飲んでいる男の人は (　) ですか。

4. Crea una frase ordenando estas palabras:

a) かさ・は・の・か・です・これ・だれ

b) スポーツ・あなた・どんな・が・は・好き・か・です

c) ところ・きれい・きのう・は・すごく・行った・でした

276

テスト

5. Elige el kanji/katakana correcto:

a) あいます	1) 今います	2) 令います	3) 会います	4) 合います
b) たべます	1) 飲べます	2) 飯べます	3) 飼べます	4) 食べます
c) ききます	1) 聞きます	2) 間きます	3) 閉きます	4) 関きます
d) いいます	1) 計います	2) 信います	3) 言います	4) 訃います
e) いきます	1) 行きます	2) 彷きます	3) 彼きます	4) 待きます
f) のみます	1) 飲みます	2) 飯みます	3) 食みます	4) 飼みます
g) あぱーと	1) ヤパート	2) アバート	3) アパード	4) アパート

6. Elige la frase que tenga el mismo significado:

a) 私は学校でおしえています。

    1. いしゃです。

    2. 先生です。

    3. 学生です。

b) あなたはここでかいものします。

    1. としょかんです。

    2. うちです。

    3. スーパーです。

c) あさっては火よう日です。

    1. 今日は日よう日です。

    2. 今日は月よう日です。

    3. 今日は金よう日です。

d) ゆうべキコくんのうちへ行った。

    1. 今日のよるに行った。

    2. あしたのよるに行った。

    3. きのうのよるに行った。

TEMA 13
Por favor, no regreses

第十三課
だい じゅう さん か
帰らないでください
かえ

VOCABULARIO

う
- Mentir — うそをつく
- Tener mascota — かう / 飼う
- Saltarse clases — サボる
- Pagar — はらう / 払う

る
- Decidir — きめる / 決める

「材料（ざいりょう）」Ingredientes

さとう(砂糖) - Azúcar
しお(塩) - Sal
しょうゆ - Salsa de soya
バター - Mantequilla
たまご (卵) - Huevo
ジュース - Jugo
かんぱい - ¡Salud! (expresión al brindar)
フライパン - Sartén

「家族（かぞく）」Familia

あに (兄) - Mi hermano mayor
あね (姉) - Mi hermana mayor
おっと (夫) - Mi esposo
つま (妻) - Mi esposa
おくさん (奥さん) - Tu/su esposa
ごしゅじん (ご主人) - Tu/su esposo
りょうしん (両親) - Padres

「いろいろな単語 (いろいろなたんご)」Vocabulario variado

ホームステイ - Casa de acogida (en viajes)
コンサート - Concierto
お金持ち・おかねもち - Rico (sustantivo)
クレジットカード - Tarjeta de crédito
せかい (世界) - Mundo
とこや - Peluquería (hombres)
がっき (学期) - Periodo escolar
おしょうがつ (お正月) - Año nuevo
おもちゃ - Juguete
ゆめ (夢) - Sueño
せいせき (成績) - Calificaciones
ホームシック - Extrañar tu hogar
ようじ (用事) - Asunto
むこう (向こう) - Al otro lado

単語・たんご

「表現や副詞など（ひょうげんやふくしなど）」 Expresiones, adverbios y otros

ところが - Sin embargo
ところで - Por otra parte
それで - Por eso
それに - Además
そうすると - Si es así/Siendo así
ぜひ - Sin duda
あるいて - Caminando
このごろ - Últimamente
さいきん - Últimamente (más amplio)
できるだけ - En la medida de lo posible
まあまあ - Más o menos

Palabras con interrogativos

だれか - Alguien
　　　だれかに会いたいですか - ¿Quieres quedar con alguien?

だれも (+ negativo) - Nadie
　　　いいえ、だれにも会いたくないです。- No, no quiero quedar con nadie.

何か - Algo
　　　何か食べたんですか。- ¿Has comido algo?

何も (+ negativo) - Nada
　　　いいえ、何も食べなかったんです。- No, no he comido nada.

どこか - Algún lugar
　　　どこかへ行きましょうか。- ¿Vamos a algún lugar?

どこも (+ negativo) - Ningún lugar
　　　いいえ、どこへも行きたくないんです。- No, no quiero ir a ningún lugar.

いつか - Algún día
　　　いつか、イタリアに行きたいです。- Algún día quiero ir a Italia.

LA GRAMÁTICA DE HOY

1. Superlativo

Al contrario que en el tema anterior, esta fórmula servirá para decir que es más (A), pero entre un grupo de cosas o entre 3 o más elementos. Por ello, se expresan los elementos entre los que se engloba con «の中で» (de entre...) y el elemento que destaca más se marca con 「が一番」 (el más).

> CATEGORÍA + の中で + A + が一番 + ADJ. + です

Ejemplo:
　　　　国の中で、ロシアが一番大きいです。
　　　　Entre los países, Rusia es el más grande.

> A + と + B + と + C + の中で + A + が一番 + ADJ. + です

Ejemplo:
　　　　ロシアとフランスとスペインの中でロシアが一番大きいです。
　　　　Entre Rusia, Francia y España, Rusia es el más grande.

A la hora de hacer preguntas, nos encontramos con una gran diferencia respecto al comparativo que estudiamos en el tema 12. En este caso no podemos usar «どちら・どっち», sino que debemos usar el interrogativo correspondiente al elemento que se está comparando: だれ, どこ, いつ, どれ o 何. Ya que どれ y 何 tienen un uso parecido, por norma general usaremos 何 con las categorías y どれ cuando enumeramos los elementos.

> CATEGORÍA + の中で + INTERROGATIVO + が一番 + ADJ. + です + か

Ejemplo:
　　　　国の中で、どこが一番大きいですか。
　　　　Entre los países, ¿cuál es el más grande?

> A + と + B + と + C + の中で + INTERROGATIVO + が一番 + ADJ. + です + か

Ejemplo:
　　　　ロシアとフランスとスペインの中でどこが一番大きいですか。
　　　　Entre Rusia, Francia y España, ¿cuál es el más grande?

Aunque quede bien en español usar «cuál», recuerda que tenemos que adaptar el interrogativo a lo que comparamos. Como en este caso son países, usamos どこ; si hablamos de estaciones del año, usaremos いつ, y si, por ejemplo, hablamos de personas, usaremos だれ.

今日の文法・きょうのぶんぽう

2. Estructuras con ない

■ Por favor, no… 「～ないでください」

Ya vimos en el tema 5 la forma de pedir algo por favor, 「～てください」. Ahora vamos a seguir pidiendo por favor, pero en este caso vamos a pedir que NO se realice la acción. Por lo tanto, hemos de cambiar el verbo a forma ない y añadirle で para hacer la negación de los verbos en esta estructura.

Ejemplos:

ここでしゃしんをとらないでください。

No tomes fotos aquí, por favor.

私の水を飲まないでください。

No bebas mi agua, por favor.

■ Consejos 「～ないほうがいいです」

Ya vimos en el tema 11 el modo de dar consejos en afirmativo «sería mejor que hicieras…» y anunciamos que en este tema se volvería a repasar dentro de las estructuras con ない. Estos consejos indican que no recomendamos la acción del verbo descrito: sería mejor que no…

Ejemplo:

かぜをひきましたから、おばあさんに会いに行かないほうがいいです。

Como estás resfriado, sería mejor que no fueras a ver a tu abuela.

Recuerda que los consejos en afirmativo van con el verbo en forma た.

Ejemplo:

おばあさんに会いに行ったほうがいいです。

Sería mejor que fueras a ver a tu abuela.

3. Mientras… 「V-RAÍZ + ながら」

Se puede dar la situación en la cual hagamos dos acciones a la vez. ¿Cómo marcamos ese «mientras» del español en japonés? Antes que nada, debemos decidir qué verbo acompaña a «mientras», ya que la intención puede cambiar.

> VERBO (raíz) + ながら + VERBO 2

Ejemplos:

べんきょうしながら、おんがくを聞きます。

Mientras estudio, escucho música.

おんがくを聞きながら、べんきょうします。

Mientras escucho música, estudio.

¡A PRACTICAR!

1. Traduce las siguientes frases al japonés:

a) ¿Cuáles son los ingredientes?
_____

b) Quiero beber jugo de durazno, por favor.
_____

c) Mi hermana mayor es guapa e inteligente.
_____

d) ¿Tus padres van al viaje?
_____

e) Quiero llegar a ser rico.
_____

f) Se suponía que ayer iría a un concierto, pero, como llovió, no fui.
_____

g) Quiero vivir en un mundo amable.
_____

h) Cuando estuve en Japón, extrañaba mi casa.
_____

i) Lo siento, tengo un asunto. No tengo tiempo.
_____

j) Mientras escucho música, me gusta comer fresas.
_____

2. Traduce las siguientes frases al español:

a) かぞくの中で、だれが一番やさしいですか。
_____

b) 何か聞こえましたか。
_____

c) さいきん、おなかがいたいんです。。。
_____

d) りょうしんはどうですか。
_____

e) しょうゆをつかわないでください。好きじゃないです。
_____

練習！練習！・れんしゅう！れんしゅう！

f) まだオレンジジュースを飲んでいません。

g) クレジットカードをつかわないほうがいいです。

h) 私のせいせきをみないでください。

i) べんきょうしながら、食べるのがきらいです。

j) パパはまだきていませんから、ゆうしょくを食べないでくださいね！

3. Haz una frase con los siguientes temas:

a) ~たい
b) ~たり、~たりする
c) ~た後で
d) RAÍZ + ながら
e) ~と聞きます
f) ~と言っていました

4. Crea una frase con estos datos:

a) Pedir, por favor, que nadie beba alcohol hasta las 22 h.

b) Decir que por ley no se puede fumar.

c) Expresar un consejo de forma grosera.

d) Aconsejar a alguien que vaya al médico.

e) Aconsejar a alguien que NO vaya al médico.

f) Comparar el tren con la bicicleta en cuanto a velocidad.

聞き取り・ききとり

Comprensión auditiva

1. Escucha las siguientes palabras y escríbelas:

a) _____

b) _____

c) _____

d) _____

e) _____

2. Escucha las siguientes frases y escríbelas:

a) _____

b) _____

c) _____

d) _____

e) _____

3. Escucha el audio y responde a las preguntas:

a) _____

b) _____

c) _____

d) _____

e) _____

4. Elige la opción correcta:

a) 1.   2.   3.   4.

b) 1.   2.   3.   4.

c) 1.   2.   3.   4.

d) 1.   2.   3.   4.

e) 1.   2.   3.   4.

日本文化・にほんぶんか

Cultura japonesa

El japonés y sus dialectos

¿Sabes lo que es un ainu? Probablemente no, por desgracia. Esta etnia, que actualmente cuenta con solo unos miles de personas, es una parte muy importante de la cultura japonesa. Originario, según se cree, de la zona norte e incluso de algunas zonas de Rusia, este grupo étnico posee poca representación en la sociedad del país que habita. Con un físico no muy diferente del de los habitantes actuales (llamados yamato) y un idioma bastante diferente del japonés, la cultura ainu cuenta con representación en el Parlamento japonés, aunque con escaso éxito.

Lamentablemente, nuestro conocimiento del idioma ainu es nulo, pero he querido representar a esta comunidad en la ilustración y sembrar la semilla de la curiosidad para que sigas investigando sobre ellos.

Dejando a un lado el アイヌ語, Japón tiene dialectos (べん) que, aunque no implicarán que tu japonés estándar se quede obsoleto, sí que pueden hacerte pasar un mal rato al no entenderlos.

Lugares como Osaka, Nagoya, Hokkaido, Tokio... tienen su propio dialecto con algunos cambios que quizá deberías investigar antes de ir a esas zonas, ¡seguro que impresionas a tus amigos! En algunos lugares, como Nagoya, por ejemplo, cambian el よ de final de frase por に. En Kioto encontraremos que です se sustituye por どす. Estos son solo un par de ejemplos, ¡anímate a explorar un poco más!

La ilustración de este tema muestra a la izquierda a una mujer ainu con la frase «Te quiero» en dialecto de Hokkaido (de nuevo, lamentamos no saber アイヌ語) y a la derecha, a otra mujer con un traje típico de la isla de Okinawa y diciendo la misma frase en su dialecto. Aunque el idioma del amor sea universal, ¡en Japón tendrás que estudiar un poco más para parecer de la zona!

Diálogo

クラスではあゆみ先生が話します。

あゆみ先生：みなさん！アルテゥーロさんは明日日本語の試験があるので、アルテゥーロさんを手伝ってくださいね。

アルテゥーロ：ありがとうございました！頑張ります！

クラスで食べながら、話しています。

デレック：クラスの後で、いっしょに図書館へ勉強に行かない？

アルテゥーロ：はい、おねがいします！もっと漢字を勉強したい。

デレック：勉強しながら、音楽を聞く？

アルテゥーロ：はい。日本語を勉強しながら、日本の音楽を聞く。楽しい。

ももこ：私、先週かりた本を返しに行くから、いっしょに行かない？

アルテゥーロ：もちろん！

勉強の後で。

デレック：大変だったね。

アルテゥーロ：はい。。。頭が痛いよ。薬を飲みたい。

ももこ：はい！どうぞ。

アルテゥーロ：ありがとう！これは私たちの最後の勉強パーティーだったね。。

デレック：パーティーじゃないよ。。。

アルテゥーロ：楽しいから、パーティーだよ。

ももこ：はい、はい！パーティーだ！じゃ、みんな、私、もう帰る。またあした！アルテゥーロ、頑張ってね！

アルテゥーロ：ありがとう！

デレックさんとアルテゥーロさんは話しています。

デレック：アルテゥーロ、スペインに帰らないで。

アルテゥーロ：帰りたいよ。家族に会いたいよ。悲しいよ。

デレック：本当です。じゃ、僕、スペインに行く。

アルテゥーロ：何？？どう？

デレック：じつは。。。もう奨学金をもらった！来年、冬の学期からスペインの大学で勉強する！

アルテゥーロ：本当??よかった！！待っている！

デレック：約束だね！

会話・かいわ

Español

En clase, la profesora Ayumi habla.

Prof. Ayumi: ¡Alumnos! Como mañana Arturo tiene el examen de japonés, ayúdenlo, por favor.
Arturo: ¡Gracias a todos! ¡Voy a darlo todo!

Mientras comen, hablan en clase.

Derek: Arturo, después de clase, ¿vamos juntos a la biblioteca a estudiar?
Arturo: Sí, por favor. Quiero estudiar más kanjis...
Derek: ¿Tú escuchas música mientras estudias?
Arturo: Sí, me gusta escuchar música japonesa mientras estudio japonés. Es divertido.
Momoko: Yo también voy a ir a la biblioteca a devolver el libro que tomé prestado la semana pasada. Así que ¿por qué no vamos juntos?
Arturo: ¡Claro que sí!

Después del estudio.

Derek: Ahhh... Estuvo duro, ¿eh?
Arturo: Sí... me duele la cabeza. Quiero tomar una medicina.
Momoko: Toma, aquí tienes.
Arturo: Gracias. Esta fue nuestra última fiesta de estudio.
Derek: No es una fiesta...
Arturo: Como es divertido, es una fiesta.
Momoko: Sí, sí, ¡es una fiesta! Bueno chicos, vuelvo a casa ya. ¡Hasta mañana! Arturo, ¡ánimo!
Arturo: ¡Gracias!

Derek y Arturo hablan.

Derek: Arturo, no vuelvas a España.
Arturo: Quiero volver. Quiero ver a mi familia. Estoy triste.
Derek: Es verdad... Así que YO iré a España.
Arturo: ¿Qué? ¿Cómo?
Derek: La verdad es que... ¡RECIBÍ UNA BECA! El año que viene estudiaré desde el periodo escolar de invierno en una universidad de España.
Arturo: ¿EN SERIO? ¡QUÉ BIEN! ¡Te esperaré!
Derek: Es una promesa, ¿eh?

Vocabulario extra:
さいご - Último
またあした - Hasta mañana
しょうがくきん(奨学金) - Beca
やくそく - Promesa

漢字ファイト！・かんじファイト！

¡Pelea de kanjis!

Nº	Kanji	Lectura on	Lectura kun	Palabras
98	出 Salir, sacar, salida (5)	しゅつ しゅつ	で、だ	出る・でる - Salir 出口・でぐち - Salida 出す・だす - Sacar 思い出す・おもいだす - Recordar 思い出・おもいで - Recuerdo
99	買 Comprar (12)	ばい	か	買う・かう - Comprar 買い物・かいもの - Compras
100	休 Descanso, día libre (6)	きゅう	やす	休む・やすむ - Descansar/librar 休み・やすみ - Descanso, día libre 休日・きゅうじつ - Día libre 夏休み・なつやすみ - Vacaciones de verano
101	書 Escribir (10)	しょ	か	書く・かく - Escribir 辞書・じしょ - Diccionario 図書館・としょかん - Biblioteca 書店・しょてん - Librería
102	見 Ver, idea (7)	けん	み	見る・みる - Ver/mirar 花見・はなみ - Hanami 意見・いけん - Opinión
103	売 Vender (7)	ばい	う	売る・うる - Vender 売店・ばいてん - Puesto de venta
104	車 Coche (7)	しゃ	くるま	車・くるま - Coche 電車・でんしゃ - Tren 自転車・じてんしゃ - Bicicleta 自動車・じどうしゃ - Automóvil

漢字ファイト！・かんじファイト!

¡A practicar!

1. ¿Cómo se leen las siguientes palabras? Subraya la correcta:

a) 空	1) くるま	2) そら	3) いす	4) にく
b) 出る	1) でる	2) てる	3) くる	4) する
c) 買う	1) あう	2) いう	3) かう	4) さう
d) 書く	1) いく	2) あく	3) まく	4) かく
e) 休む	1) やずむ	2) やすむ	3) じゃすむ	4) じゃずむ
f) 見る	1) うる	2) きる	3) とる	4) みる
g) 売る	1) うる	2) きる	3) とる	4) みる
h) 言う	1) あう	2) いう	3) かう	4) さう

2. Escribe en hiragana los siguientes kanjis:

a) 新聞　_____

b) 買いもの　_____

c) 天気　_____

d) 毎週　_____

e) 名前　_____

f) 上手　_____

3. Traduce las siguientes frases al español y escribe los kanjis en hiragana:

a) なつ休みは六月から九月までです。
_____

b) この会社が好きじゃないですから、やめたほうがいいです。
_____

c) 駅の後ろでいぬを見て、いぬをうちにつれて行きました。
_____

d) 外でホアンに会いましょう。
_____

e) 右と左は時々まちがえます。
_____

Lectura y escritura

1. Lee la siguiente receta. レシピをよんでください。

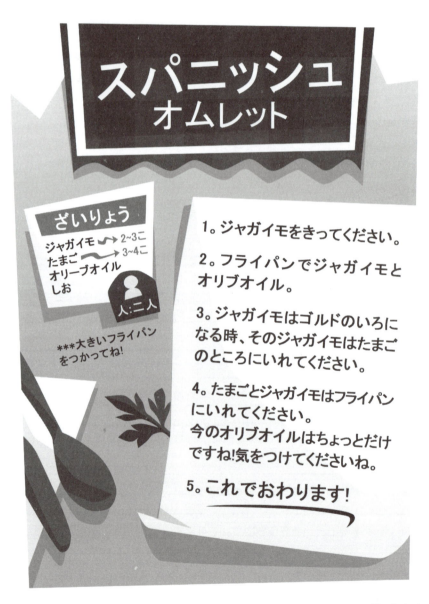

Vocabulario extra:

いれる（入れる) - Meter

書きと読み・かきとよみ

2. Responde a las preguntas. しつもんにこたえてください。

a) ざいりょうは何ですか。

　　1. オリーブオイル、ジャガイモ、しお
　　2. オリーブオイル、ジャガイモ、しお、たまご
　　3. オリーブオイル、しお、たまご
　　4. オリーブオイル、ジャガイモ、しお、フライパン

b) はじめに、何をしますか。

　　1. フライパンでジャガイモとオリブオイル。
　　2. ジャガイモをきる。
　　3. ジャガイモはフライパンにいれる。
　　4. ジャガイモはたまごのところにいれる。

3. Lee y responde a las preguntas. よんで、しつもんにこたえてください。

バナナを食べたいです。しかし、すごく高いです。だから、みかんを五つ買いに行きました。その後、「セール」を見ました。この店に安いバナナがありました。しかし、もうお金がなかったので、買いませんでした。明日、もう一ど行くつもりです。
　　　　　　　　　　　　　　　　　　　　　　　　　　　　　　　あした

a) この人は何を買いましたか。

　　1. バナナ
　　2. バナナとみかん
　　3. みかんとオレンジ
　　4. みかん

コーヒーの６００グラムは１５００円です。安いですか。高いですか。わかりません。だから、１０００グラムを買いました。それは一キロでしょうか。

b) コーヒーの一キロはいくらですか。

　　1. ２０００円
　　2. ２５００円
　　3. ２３００円
　　4. ２２００円

明日はバルセロナに行くりょこうです！かばんをわすれないでね。水と食べものをもってきてください。写真をとってはいけません。カメラを持ってこないでください。
　　　　　　　　しゃしん

c) りょこうに何をもっていってもいいですか。

　　1. カメラ、お金、水
　　2. 食べもの、お金、水
　　3. 水、食べもの
　　4. カメラ、水、食べ物

Examen

1. ¿Cómo se leen las siguientes palabras? Subraya la correcta:

a) 下 　　1) うえ　　2) した　　3) なか　　4) となり

b) 今年　　1) ことし　　2) のんねん　　3) このねん　　4) このとし

c) 書く　　1) いく　　2) かく　　3) とく　　4) まく

d) 花　　1) はな　　2) みみ　　3) くち　　4) め

e) 魚　　1) さかな　　2) はな　　3) にく　　4) とり

f) 学校　　1) がこう　　2) がっこう　　3) かっこう　　4) かこう

g) 大学　　1) たいがく　　2) たいかく　　3) だいがく　　4) だいかく

2. Elige la palabra que completa la frase:

a) あそこでタクシーに（　　　　）

1) 買いましょう　　2) 食べましょう　3) のりましょう　　4) 行きましょう

b) すごく（　　）よ。べんきょうできません。

1) 赤い　　2) 青い　　3) うるさい　　4) 白い

c) えいがを見に行く前に、（　　　）をあびたいです。

1) ポワー　　2) シャワー　　3) シャウー　　4) シャフー

3. Completa las frases con la partícula/interrogativo correcto:

a) （ ）本ですか。　　　　1. どんな　2. いつ　3. どう　4. どうやって

b) えいがは（　）でしたか。　1. だれ　2. いつ　3. いかが　4. なに

c) スポーツ（ ）好きだ。　　1. に　2. で　3. が　4. を

d) 学校（ ）食べてはいけません。　1. に　2. で　3. が　4. を

e) 毎日七時（ ）おきます。　1. に　2. で　3. が　4. を

4. Crea una frase ordenando estas palabras:

a) です・は・きょねん・これ・しゃしん・とった

b) です・を・いる・おちゃ・の・の・ヘマ・人・飲んで・は・さん・女・友だち

c) に・は・か・あそこ・の・だれ・です・車・ある

テスト

5. Elige el kanji/katakana correcto:

a) ながい	1) 高い	2) 長い	3) 古い	4) 安い
b) たかい	1) 長い	2) 新い	3) 安い	4) 高い
c) やすい	1) 高い	2) 安い	3) 長い	4) 古い
d) あたらしい	1) 長しい	2) 新しい	3) 古しい	4) 高しい
e) ふるい	1) 新い	2) 長い	3) 古い	4) 高い
f) しろい	1) 白い	2) 長い	3) 高い	4) 安
g) あおい	1) 長い	2) 高い	3) 安い	4) 青い

6. Elige la frase que tenga el mismo significado:

a) しごとは八時にはじまります。

    1. しごとは八時までです。

    2. しごとは八時からです。

    3. しごとは八時にやめます。

b) 新しいくつです。

    1. 白いくつです。

    2. 古るいくつです。

    3. 古るくないくつです。

c) パスポートをおしえてください。

    1. パスポートを食べてください。

    2. パスポートをみせてください。

    3. パスポートを見てください。

d) あした休みます。

    1. あたしごとに行きます。

    2. あしたしごとに行きました。

    3. あしたしごとに行きません。

TEMA 14
El día del NOKEN

第十四課
日本語能力試験の日

VOCABULARIO

う
- Llegar tarde: おそくなる / 遅くなる
- Bailar: おどる / 踊る
- Ser popular/estar de moda: にんきがある / 人気がある
- Pasar la noche: とまる / 泊まる

る
- Llegar tarde: おくれる / 遅れる

IRR
- Llegar tarde: ちこくする / 遅刻する
- Cocinar: りょうりする / 料理する

「病気の時（びょうきのとき）」 Cuando estoy enfermo

のどがかわく - Tener sed
おなかがすく - Tener hambre
ねつがある (熱がある) - Tener fiebre
せきが出る - Toser

「いろいろな単語(いろいろなたんご)」 Vocabulario variado

かぜ (風) - Viento
セーター - Suéter
よこ (横) - Al lado
ろうか (廊下) - Pasillo
みずうみ (湖) - Lago
しゅっしん (出身) - Lugar de nacimiento
ルームメート - Compañero de habitación
きおん (気温) - Temperatura
きょうみ (興味) - Interés en algo
しゅみ (趣味) - Hobby
ドライブ - Conducción (por gusto)
りょうり (料理) - Cocina (de comer)
しあい (試合) - Partido

単語・たんご

「ビジネスと政治(せいじ)」 Negocios y política

しゃちょう (社長) - Presidente de empresa
かいちょう (会長) - Presidente
ぶちょう (部長) - Jefe de departamento
しゅしょう (首相) - Primer ministro
かいぎ (会議) - Reunión
かいぎしつ (会議室) - Sala de reuniones
みらい (未来) - Futuro
しょうらい (将来) - Futuro de algo
ニュース - Noticias

「 表現や副詞など（ひょうげんやふくしなど） 」 Expresiones, adverbios y otros

ひさしぶりですね (久しぶりですね) - Cuánto tiempo (sin vernos)

LA GRAMÁTICA DE HOY

1. Deber 「〜なければいけません」

Empezamos el tema con una estructura compleja que debemos practicar bastante para acostumbrarnos a ella. Repítela mucho y vocalizando para recordar correctamente su forma.

Para construirla, debemos colocar el verbo en forma ない y, a continuación, cambiar ese ない por なければ, al cual le añadiremos いけません. Aquí tienes algunos ejemplos.

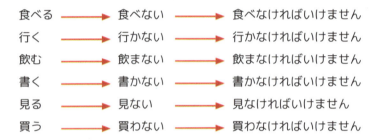

Ejemplos:

あしたしけんがありますから、今日べんきょうしなければいけません。
Como mañana tengo un examen, debo estudiar hoy.

元気になりたいですから、もっとやさいを食べなければいけません。
Como quiero llegar a estar sano, tengo que comer más verduras.

Encontramos variaciones informales de esta construcción, la primera es que 〜なければ podemos encontrarla también como:

〜なきゃいけません

〜なくちゃいけません

〜なくてはいけません

〜ないといけません

La segunda es que es posible encontrar el verbo なりません en lugar de いけません cuando usamos なければ (formal) o なきゃ (informal).

〜なければなりません

〜なきゃなりません

Ejemplo:

毎日おなかのくすりを飲まなければなりません。
Debo tomar medicina para el estómago todos los días.

今日の文法・きょうのぶんぽう

La tercera es que se puede llegar a encontrar, en conversaciones informales, que el interlocutor ha omitido なりません o いけません, dejando solo la primera parte:

~ なきゃ

~ なくちゃ

~ ないと

Ejemplo:
    すみません、今としょかんへ行かなきゃ！
    Lo siento, ¡tengo que ir a la biblioteca ahora!

Teniendo esa lista de variantes, prueba a conjugar oralmente todos los verbos que sepas. Aunque es un ejercicio largo y que parece un trabalenguas, te ayudará a mejorar tu habilidad oral y a acostumbrarte a este tipo de estructuras largas.

No olvides crear frases con sentido para seguir mejorando tu capacidad de expresión y construcción de frases.

Por ejemplo, ¿podrías traducir esta frase?

Como la semana que viene tengo un examen de francés, debo estudiar todos los días.

---

2. Probabilidad/Opinión 「~ でしょう」

¿Cómo vamos a expresar probabilidad y opinión con la misma estructura? Observando si la frase está en afirmativo (probabilidad) o en interrogativo (pedir opinión). Esta estructura irá directamente después de los verbos, adjetivos い, adjetivos な y sustantivos, todos ellos en forma corta, pero sin ningún tipo de variación extra.

Ejemplos:
    雨がふったでしょう。
    Probablemente llovió.

    雨がふったでしょうか。
    ¿Crees que llovió?

En algunas conversaciones encontrarás でしょう, con tono interrogativo pero sin か, para expresar nuestro deseo de que la otra persona nos conteste. En español solemos expresar esto con «¿no?» y «¿verdad?».

Ejemplo:
    あゆみ先生は日本人でしょう？
    La profesora Ayumi es japonesa, ¿no?

LA GRAMÁTICA DE HOY

Para terminar, podremos usar でしょう también en su forma corta, だろう, con las mismas características que hemos mencionado antes.

Ejemplos:

雨がふっただろう。
Probablemente llovió.

雨がふっただろうか。
¿Crees que llovió?

3. Hacer algo en exceso 「~すぎる」

Cualquier cosa en exceso es mala, y eso es exactamente lo que queremos expresar con el verbo すぎる (verbo る). Dicha acción que hacemos en exceso la pondremos en raíz (forma ます sin ます) y a continuación conjugaremos すぎる como nos convenga.

Ejemplos:

おさけを飲みすぎましたから、あたまがいたいんです。
Como bebí demasiado alcohol, me duele la cabeza.

きのう食べすぎたんだ。。。
Ayer comí demasiado...

ゲームすぎる人が好きじゃないです。
No me gusta la gente que juega demasiado a juegos.

¿Y si es un adjetivo lo que queremos utilizar? Habrá que tener en cuenta si es adjetivo い o な. Y no debemos olvidar que esta estructura tiene el matiz negativo del «exceso», por lo que no podrá usarse, por ejemplo, para decir que alguien es «muy alto».

<u>Adjetivo い</u>: eliminamos la い.

Ejemplo:

コルドバはあつすぎます。
Córdoba es demasiado calurosa.

<u>Adjetivo な:</u> lo mantendremos igual.

Ejemplo:

アンヘルさんはしずかすぎます。
Ángel es excesivamente silencioso.

今日の文法・きょうのぶんぽう

¡A PRACTICAR!

1. Traduce las siguientes frases al japonés:

a) Como cociné en exceso, llevaré comida a mi abuela.

b) Tengo que ir a comprar unos pantalones nuevos al centro comercial.

c) Ayer vi las noticias, este mundo no está bien, ¿no crees?

d) La semana que viene pasaré la noche en un bonito hotel.

e) Debo devolver el libro que tomé prestado la semana pasada.

f) Me encanta bailar. Es mi *hobby*.

g) Hay un juego nuevo que está de moda.

h) Toso con frecuencia, debería ir al médico, ¿no crees?

i) Por favor, toma las sillas del pasillo y llévalas a la sala de reuniones.

j) Creo que el nombre de la jefa de departamento es Sara.

2. Traduce las siguientes frases al español:

a) まあまあおなじだよね。

b) ニュースでわるいことを聞きました。

c) おそくなって、すみません。

d) りょうりするのが大きらいよ！

e) マリアさんはスペイン人でしょうか。

練習！練習！・れんしゅう！れんしゅう！

f) このマンガはきょねん、人気があったでしょう。
_____

g) うちのそばにあるきっさてんは高すぎます。
_____

h) ドライブにきょうみがありますか。
_____

i) べんきょうは私のしゅみです。
_____

j) あっ！もう六時だね！サッカーのしあいに行かなきゃ！
_____

3. Haz una frase con los siguientes temas:

a) ADJ. い + すぎる

b) ~なければいけません

c) RAÍZ + ながら

d) ~ないでください

e) んです

f) Persona は parte del cuerpo が adjetivo です

4. Traduce las siguientes palabras:

a) Ayudar _____	i) てぶくろ _____	p) Desagradable _____
b) Sucio _____	j) ぼうし _____	q) Doloroso _____
c) Fresa _____	k) ふうとう _____	r) おだいじに _____
d) だけ _____	l) ほか _____	s) Algo se cierra _____
e) いそぐ _____	m) はじめに _____	t) Departamento _____
f) Hotel _____	n) Pesado _____	u) Halloween _____
g) Sandía _____	ñ) Parar _____	v) どうやって _____
h) つとめる _____	o) Acampar _____	w) びじゅつかん _____

聞き取り・ききとり

Comprensión auditiva

1. Escucha las siguientes palabras y escríbelas:

a) _____

b) _____

c) _____

d) _____

e) _____

2. Escucha las siguientes frases y escríbelas:

a) _____

b) _____

c) _____

d) _____

e) _____

3. Escucha el audio y responde a las preguntas:

a) _____

b) _____

c) _____

d) _____

e) _____

4. Elige la opción correcta:

a)	1.	2.	3.	4.
b)	1.	2.	3.	4.
c)	1.	2.	3.	4.
d)	1.	2.	3.	4.
e)	1.	2.	3.	4.

日本文化・にほんぶんか

Cultura japonesa

EXAMEN NOKEN

Se acerca el examen más esperado de los estudiantes de japonés. ¡Tanto tiempo de estudio y preparación para este día!

Cada año, el primer domingo de julio y el primero de diciembre, se celebra este examen llamado にほんごのうりょくしけん（日本語能力試験）o Examen de Habilidad en el Japonés. El nombre abreviado es NOKEN. Existen 5 niveles en función de su dificultad, siendo el 5, para el que estudias con este libro, el más básico, y el 1 el más alto y difícil.

Estos exámenes constan de tres partes con descansos entre ellas.

-Vocabulario: se evalúa tu nivel de kanji (unos 100-120 aprox.) y de vocabulario en general. Encontramos ejercicios de elegir kanjis, elegir lectura, escoger la palabra que falta en la frase y, por último, elegir la frase que significa lo mismo que la que te ofrecen de ejemplo.

-Gramática/lectura: los ejercicios de gramática se suceden uno tras otro (elegir partícula, forma verbal/adverbio, ordenar frases) hasta llegar a los textos, en los que encontraremos varios de una longitud corta, uno más largo y otro orientado a la lectura de carteles, anuncios, dibujos, etc. En general, se trata de saber buscar información en otro formato distinto al texto clásico.

-Audio: es una grabación constante y directa, no se repite. Dura unos 30 minutos. Hay diversidad de ejercicios y tiempos en función del nivel al que te presentes, pero la mayoría se basa en escuchar una conversación y responder correctamente a las preguntas.

En este libro encontrarás todos los tipos de ejercicios que suelen salir en los exámenes cada año. Sin embargo, no dudes en practicar con otros libros para ver otros puntos de vista.

Diálogo

アルテゥーロさんのうちの前に、デレックさんに会います。

アルテゥーロ：今日、NOKENの日。頑張ります。
デレック：全部、じゅんびした？。
アルテゥーロ：全部じゅんびしたと思う。
デレック：じゃ、行きましょう。

高校の前に。

デレック：あっ、この高校、知っている。ここで英語の試験をした。
アルテゥーロ：ここから、一人で行かなきゃ。
デレック：はい、わかります。頑張ってください！
アルテゥーロ：はい！そうします！頑張ります！

NOKENの後で。

デレック：アルテゥーロ！ここ！
アルテゥーロ：まだ帰っていない？
デレック：いいえ、あそこにある喫茶店で待ったよ。おいしいコーヒーを飲んだ。
アルテゥーロ：ありがとう！じつは、コーヒーを飲みたいよ。
デレック：（笑）いいよ、いいよ。もう一ど行きましょう。試験はどうだった？
アルテゥーロ：えっと。。。単語は難しくなかった。でも、ちょっとまちがえた。読解は本当に難しかったから、しんぱいしているよ。
デレック：もう終わったから、今楽しくなる！

喫茶店にびっくりパーティーがあります。友だちがみんないます。

みんな：ソルプレーサ！
アルテゥーロ：わあああ！！！みなさん！ありがとう！
ももこ：アルテゥーロ！ソルプレーサのいみは「びっくり」だろうか。
アルテゥーロ：（笑）そう、そう！みんな頑張ったな！まことにありがとう。
あゆみ先生：アルテゥーロさん、これ、どうぞ。プレゼントです。
アルテゥーロ：先生。。。ありがとう。泣きたいです。わあ！みんなの写真です！ありがとう先生！毎日見て、みんなのことを思いだします。これは»さようならパーティー»じゃなくて、»じゃまたパーティー»です。もうすぐ日本に帰ります。約束です。

会話・かいわ

Español

Delante de la puerta de la casa de Arturo, este se encuentra con Derek.

Arturo: Hoy es el día del NOKEN. ¡A darlo todo!
Derek: ¿Lo preparaste todo?
Arturo: Creo que lo preparé todo.
Derek: Entonces, vámonos.

Delante del bachillerato.

Derek: ¡Ah! Conozco este bachillerato. Hice un examen de inglés aquí.
Arturo: A partir de aquí, tengo que ir solo.
Derek: Sí, lo entiendo. ¡A darlo todo!
Arturo: ¡Sí! ¡Eso haré! ¡A darlo todo!

Después de hacer el NOKEN.

Derek: ¡Arturo, aquí!
Arturo: ¿Aún no has vuelto a casa?
Derek: No, esperé en una cafetería que hay allí. Bebí un café delicioso.
Arturo: ¡Gracias! La verdad es que quiero tomar un café.
Derek: (Risas). Está bien, está bien. Vayamos otra vez. ¿Qué tal fue el examen?
Arturo: Pues… El vocabulario no fue difícil. Pero me equivoqué un poco. Como la comprensión lectora fue realmente difícil, estoy preocupado.
Derek: Como ya lo terminaste, ¡ahora llega lo divertido!

Hay una fiesta sorpresa en la cafetería. Están todos los amigos.

Todos: ¡SORPRESA!
Arturo: ¡GUAU! ¡GRACIAS A TODOS!
Momoko: ¡Arturo! El significado de «Sorpresa» es «びっくり», ¿verdad?
Arturo: (Risas). ¡Eso, eso! ¡Se han esforzado todos! Gracias de corazón.
Prof. Ayumi: Arturo, aquí tienes. Un regalo.
Arturo: Profesora… Gracias. Quiero llorar. ¡Guau! ¡Es una foto de todos! ¡Gracias, profesora! La miraré todos los días y los recordaré. Esto no es una «fiesta de despedida», es una «fiesta de hasta luego». Volveré pronto a Japón. Es una promesa.

Vocabulario extra:

どっかい - Comprensión lectora
びっくりパーティー - Fiesta sorpresa
まことにありがとう - Gracias de corazón
なきたい（泣く）- Llorar

おもいだします（思い出す）- Recordar
ぜんぶ（全部）- Todo
さようならパーティー - Fiesta de despedida
じゃまた - Hasta luego

漢字ファイト！・かんじファイト！

¡Pelea de kanjis!

Nº	Kanji	Lectura on	Lectura kun	Palabras
105	読 Leer (14)	どく	よ	読む・よむ - Leer 読書・どくしょ - Lectura 読解・どっかい - Comprensión lectora
106	話 Hablar (13)	わ	はな はなし	話す・はなす - Hablar 電話・でんわ - Teléfono 話・はなし - Charla/Historia 会話・かいわ - Conversación 昔話・むかしばなし - Antigua historia 留守番電話・るすばんでんわ - Contestadora automática 電話番号・でんわばんごう - Núm. de teléfono
107	来 Venir, próximo (7)	らい	く；き；こ	来る・くる - Venir 来週・らいしゅう - Próxima semana 来年・らいねん - Próximo año
108	入 Entrar (2)	にゅう	はい；いり；い	入る・はいる - Entrar 入口・いりぐち - Entrada 入れる・いれる - Meter 入院する・にゅういん - Ser ingresado
109	立 Levantar (5)	りつ	た	立つ・たつ - Levantarse 公立・こうりつ - Público 国立・こくりつ - Nacional 私立・しりつ - Privado
110	思 Pensar (9)	し	おも	思う・おもう - Pensar 不思議な・ふしぎ - Misterioso 思い出す・おもいだす - Recordar 思い出・おもいで - Recuerdo
111	帰 Volver, regresar (10)	き	かえ	帰る・かえる - Volver/regresar 帰国する・きこく - Volver a tu país

漢字ファイト！・かんじファイト！

¡A practicar!

1. ¿Cómo se leen las siguientes palabras? Subraya la correcta:

a) 帰国	1. かこく	2. きかく	3. こかく	4. きこく
b) 花火	1. びはな	2. はなび	3. はなみ	4. みはな
c) 話す	1. やすす	2. みさす	3. はなす	4. みます
d) 読む	1. よむ	2. のむ	3. かむ	4. なむ
e) 飲む	1. よむ	2. のむ	3. かむ	4. なむ
f) 買う	1. かう	2. あう	3. いう	4. うたう
g) 言う	1. かう	2. あう	3. いう	4. うたう
h) 入る	1. はいる	2. ほいる	3. ひとる	4. びとる

2. Escribe en hiragana los siguientes kanjis:

a) 来る _____

b) 来年 _____

c) 来週 _____

d) 来ない _____

e) 今年 _____

f) 駅 _____

3. Traduce las siguientes frases al español y escribe los kanjis en hiragana:

a) エンリケさん！立って、本を読んでください。
_____

b) 牛肉が好きじゃないです。
_____

c) ここ、名前を書いて、あしたもうーど来てください。
_____

d) 来週雨がふると思う。
_____

e) 「読」と「話」のかんじはまあまあおなじですね。
_____

311

Lectura y escritura

1. Lee el siguiente texto y responde. よんで、しつもんにこたえてください。

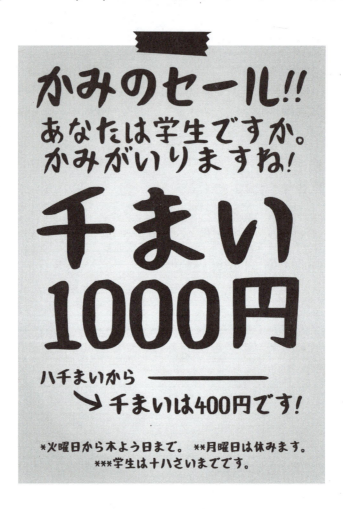

1. 私は学生です。八千まいかみを買いたいです。いくらですか。

A. １０００円   C. ３２００円

B. ３０００円   D. ３４００円

2. 私は大人です。これを買ってもいいですか。

A. はい

B. いいえ

書きと読み・かきとよみ

2. Lee el siguiente texto y responde. よんで、しつもんにこたえてください。

志摩スペイン村
しま　　　むら

「志摩スペイン村」は１９９４年にはじまりました。志摩という町にあります。ここにスペイン文化のことがたくさんあって、ゆうえんちもあります！
「志摩スペイン村」はスペインのような所です。スペインの食べものを食べたり、フラメンコ・ドレスを着たり、スペインの音楽を聞いたりできます。すごく楽しいです！ここに来たことがありますか。
これは「志摩スペイン村」のサイトです！
www.parque-net.com

値段・ねだん

六十五さいから－３６００円
大人－５４００円
子ども（十七さいまで）－３６００円

Vocabulario extra:
という – Llamado
ゆうえんち（遊園地）– Parque de atracciones
のような – Parecido a
サイト – Sitio web
ねだん – Precio

1. 私のかぞくは四人です。お父さんが二人です。二人は五十五さいです。私は十八さいです。いもうとは三さいです。みんなはいくらですか。

A. 18000

B. 18800

C. 19800

Examen

1. ¿Cómo se leen las siguientes palabras? Subraya la correcta:

a) 先週　　1. せんすう　　2. せんしゅう　　3. せんす　　4. せんしゅ

b) 来年　　1. らいねん　　2. さらいねん　　3. ことし　　4. きょねん

c) 今年　　1. らいねん　　2. さらいねん　　3. ことし　　4. きょねん

d) 今日　　1. きお　　2. きょ　　3. きょう　　4. きおう

e) 多い　　1. あおい　　2. しろい　　3. くろい　　4. おおい

f) 休み　　1. やすみ　　2. のみ　　3. みみ　　4. たべみ

g) 帰って　1. きって　　2. かえって　　3. かって　　4. かえて

2. Elige la palabra que completa la frase:

a) このいすに（　　　）ください。

1) 食べて　　2) 帰って　　3) 行って　　4) すわって

b) コーヒーを（　　　）です。

1) 食べたい　　2) 読みたい　　3) 飲みたい　　4) 行きたい

c) 私のへやは（　　　）です。そうじしなければいけません。

1) きれいじゃない　　2) きれい　　3) きたな　　4) きたなくない

3. Completa las frases con la partícula/interrogativo correcto:

a) スペイン（　　）パエリアを食べたことがありますか。

b) これ（　　）アントニオさん（　　）とったしゃしんです。

c) タクシー（　　）のりましょう。

d) 駅（　　）前（　　）まってください。

e) お母さんとスーパー（　）行かなきゃ。

4. Crea una frase ordenando estas palabras:

a) ください・くだもの・と・を・買って・チーズ

b) すごく・ラーメン・を・食べた・おいしかった・先週

c) は・これ・言いました・は・です・か・と・エレナさん・何

テスト

5. Elige el kanji/katakana correcto:

a) よむ	1) 飲む	2) 書む	3) 読む	4) 話む
b) のむ	1) 飲む	2) 書む	3) 読む	4) 話む
c) いく	1) 休く	2) 買く	3) 行く	4) 聞く
d) えすかれーた	1) エスカレータ	2) エスカレーク	3) エスガレータ	4) エズカーダ
e) らーめん	1) ラームン	2) ラーマン	3) ラーメン	4) ラーメソ
f) そら	1) 悪	2) 空	3) 売	4) 会
g) かく	1) 飲く	2) 書く	3) 読く	4) 話く

6. Elige la frase que tenga el mismo significado:

a) この本はおもしろいです

　　1. この本はたのしくないです

　　2. この本はつまらなくないです

　　3. この本はくろいです

b) 今七月ですから、先月は。。。

　　1. 九月でした。

　　2. 六月でした。

　　3. 四月でした。

c) あしたかぞくにでんわするつもりです。

　　1. あしたかぞくにでんわを休む。

　　2. あしたかぞくにでんわをのむ。

　　3. あしたかぞくにでんわをかける。

d) この人はお母さんのおにいさんの子どもです。

　　1. この人は私のいもうとです。

　　2. この人は私のおじさんです。

　　3. この人は私のいとこです。

NOKEN 5
Examen oficial de japonés

Examen

Conocimiento del lenguaje
(Vocabulario)

もんだいようし
Hoja de preguntas

N5
げんごちしき（もじ・ごい）
（２０ふん）

ちゅうい Atención

1． しけんがはじまるまで、このもんだいようしをあけないでください。
   Por favor, no abras este cuaderno de preguntas hasta que comience el examen.

2． このもんだいようしをもってかえることはできません。
   Está prohibido quedarse con este cuaderno de preguntas.

3． じゅけんばんごうとなまえをしたのらんに、じゅけんひょうとおなじようにかいてください。
   Por favor, escribe en las líneas de abajo tu nombre y número de examinado tal cual aparecen en la hoja de examinado (llamada VOUCHER).

4． このもんだいようしはぜんぶでXページあります。
   Este cuaderno de preguntas tiene 6 páginas en su totalidad.

5． もんだいにはかいとうばんごうの１、２、３・・・があります。かいとうは、かいとうようしにあるおなじばんごうのところにマークしてください。
   Las preguntas tienen como respuestas el 1, 2, 3... Marca, por favor, las respuestas en la hoja de respuestas con el mismo número.

じゅけんばんごう Núm. de examinado _____

なまえ Nombre _____

もんだい**1**
____のことばはひらがなでどうかきますか。1・2・3・4 からいちばんいいものをひとつえらんでください。
¿Cómo se lee en hiragana la palabra subrayada? Elige la opción correcta entre 1, 2, 3 y 4.

(れい) すみません、水をください。
1．みざ
2．みず
3．みそ
4．みす

(かいようようし) (れい)

1。マリアさんは店のちかくにいます。
1．えき
2．たな
3．みせ
4．うえ

2．ここから読んでください。
1．こんで
2．あそんで
3．のんで
4．よんで

3．あしたからダイエットしましょう。やさいを食べましょう！
1．いきましょう
2．たべましょう
3．のみましょう
4．あそべましょう

4．外国にいったことがありません。
1．きこく
2．たどく
3．がいこく
4．きくに

319

5。 <u>出口</u>はどこですか。
1．いりぐち
2．でぐち
3．たぐち
4．わるぐち

6。 8がつ<u>九日</u>にきこくします。
1．ようか
2．なのか
3．ここのか
4．よっか

7。 <u>新聞</u>をまいにちよみます。
1．しんぶん
2．くすりや
3．ほん
4．ききとり

もんだい 2
____のことばをどうかきますか。1・2・3・4 からいちばんいいものをひとつえらんでください。
¿Cómo se escribe la palabra subrayada? Elige la opción correcta entre 1, 2, 3 y 4.

(れい) すみません、<u>みず</u>をください。
1．水
2．泳
3．湖
4．永

(かいようようし)　(れい)

8。 パーティーまで<u>たくしー</u>でいきましょう。
1．ケクシー
2．タクシー
3．タークシ
4．タケシー

9。きょうの<u>てんき</u>はいいね。
1. 元気
2. 末気
3. 空気
4. 天気

10。わたしは<u>よむ</u>のがへたです。
1. 読む
2. 話む
3. 言む
4. 書む

11。おかあさんは<u>はんぶん</u>たべました。
1. 牛力
2. 判分
3. 半分
4. 半力

12。ちちは<u>かいしゃ</u>へ行きました。
1. 社会
2. 今社
3. 会世
4. 会社

もんだい 3
（　）になにをいれますか。１・２・３・４からいちばんいいものをひとつえらんでください。
¿Qué hay que escribir en ( )? Elige la opción correcta entre 1, 2, 3 y 4.

(れい) すみません、水を(　)。
1．こんにちは
2．ください
3．あります
4．たべて

(かいようようし)（れい）

13。あたらしい（　　）をかってください。
1. ノート
2. ともだち
3. わたし
4. さかな

14。これははがかいた（　　）です。
1. ふでばこ
2. ほん
3. パソコン
4. じてんしゃ

15。（　　）はいそがしかったです。
1. らいしゅう
2. さらいしゅう
3. まいにち
4. こんしゅう

16。えいがをみにいきたいので、（　　）を２まいかった。
1. チケット
2. はんかち
3. くつ
4. シネマ

17。ねるまえに、（　　）をみがきます。
1. みみ
2. め
3. は
4. くち

18。（　　）をわすれましたから、おかねをもっていません。
1. さいふ
2. えんぴつ
3. めがね
4. しごと

もんだい 4
＿＿＿のぶんとだいたいおなじいみのぶんがあります。1・2・3・4からいちばんいいものをひとつえらんでください。
Hay una frase que tiene un significado muy parecido al de la frase subrayada. Elige la opción correcta entre 1, 2, 3 y 4.

（れい）　ここはでぐちです。いりぐちはあちらです。

1．あちらからでてください。
2．あちらからおりてください。
3．あちらからはいってください。
4．あちらからわたってください。

(かいようようし)（れい）

19．けさともだちとべんきょうしました。
1．きょうのひるにともだちとべんきょうしました。
2．きょうのあさにともだちとべんきょうしました。
3．きょうのよるにともだちとべんきょうしました。
4．きょうのごごにともだちとべんきょうしました。

20．まずかったからたべたくない。
1．おいしいから、たべます。
2．おいしかったから、たべます。
3．おいしかったから、たべません。
4．おいしくなかったから、たべません。

21．そこにあるたてものはたかすぎます。
1．そこにあるビルはとてもたかいです。
2．そこにあるビールはあまりたかくないです。
3．そこにあるビルはとてもたかいです。
4．そこにあるビールはあまりちいさくないです。

Examen

Conocimiento del lenguaje (Gramática) · Lectura

問題用紙(もんだいようし)・Hoja de preguntas

N5

言語知識(げんごちしき)文法(ぶんぽう)・読解(どっかい)

(40ぶん)

注意・ちゅうい Atención

1. 試験(しけん)が始(はじ)まるまで、この問題用紙(もんだいようし)をあけないでください。
   Por favor, no abras este cuaderno de preguntas hasta que comience el examen.

2. この問題用紙(もんだいようし)を持(も)ってかえることはできません。
   Está prohibido llevarse este cuaderno de preguntas.

3. 受験番号(じゅけんばんごう)となまえをしたの欄(らん)に、受験票(じゅけんひょう)とおなじようにかいてください。
   Por favor, escribe en las líneas de abajo tu nombre y número de examinado tal cual aparecen en la hoja de examinado (llamada VOUCHER).

4. この問題用紙(もんだいようし)は全部(ぜんぶ)でXページあります。
   Este cuaderno de preguntas tiene 8 páginas en su totalidad.

5. 問題(もんだい)には解答番号(かいとうばんごう)の１、２、３・・・があります。解答(かいとう)は、解答用紙(かいとうようし)にあるおなじ番号(ばんごう)のところにマークしてください。
   Las preguntas tienen como respuestas el 1, 2, 3... Marca, por favor, las respuestas en la hoja de respuestas con el mismo número.

受験番号(じゅけんばんごう) Núm. de examinado _____

なまえ Nombre _____

もんだい **1**

(　) に何(なに)を入(い)れますか。1・2・3・4からいちばんいいものを一つえらんでください。

¿Qué hay que escribir en ( )? Elige la opción correcta entre 1, 2, 3 y 4.

(れい)　これ(　)えんぴつです。
1．に
2．を
3．は
4．や

(かいようようし)　(れい)

1。クラスに五人(　)学生がいます。
1．は
2．が
3．の
4．で

2。電車(　)はやくのりましょう。
1．で
2．を
3．が
4．に

3。父は日本ご(　)できます。
1．を
2．が
3．に
4．で

4。しんごう(　)まがってください。
1．は
2．が
3．に
4．を

5。くすりやを右（　）まがってください
1．が
2．に
3．まで
4．は

6。左ききなので、左手（　）かきます。
1．で
2．は
3．が
4．から

7。うちから高校までどの（　）ですか。
1．まで
2．かかる
3．ぐらい
4．から

8。マドリッドに行く。バルセロナ（　）行く。
1．はも
2．に
3．にも
4．もに

9。クラスが九時（　）はじまります。
1．まで
2．ぐらい
3．くらい
4．ごろ

もんだい 2

★ に入(はい)るものはどれですか。1・2・3・4 からいちばんいいものを一つえらんでください。

¿Cuál es la opción que corresponde a ★? Elige la opción correcta entre 1, 2, 3 y 4.

(れい) ＿ ＿ ★ ＿ か。
1．です
2．は
3．あの人
4．だれ

＿　　＿　　★　　＿　か
あの人　は　　だれ　です　か。

★ → だれ・4

(かいようようし)　(れい)

10。まいあさへやを ＿ ★ ＿ ＿。
1．から
2．シャワーを
3．あびる
4．そうじして

11。＿ ＿ ★ ＿ はきれいでした。
1．もらった
2．ふじ山の
3．どもだちに
4．しゃしん

12。としょかん ★ ＿ ＿ ＿ わすれました。
1．かりた
2．本
3．を
4．に

13。すみません、__ ★__ __はどれですか。
1. に
2. バス
3. びょういん
4. 行く

もんだい3

14から17まで何(なに)を入(い)れますか。ぶんしょうのいみをかんがえて、1・2・3・4からいちばんいいものを一つえらんでください。

¿Qué hay que colocar en los huecos del 14 al 17? Piensa el significado de las frases y elige la opción correcta entre 1, 2, 3 y 4.

ケビンさんは先月の五日に友だちのうちでりょうりしました。二つのりょうりをつくりました。はじめは、カレーをつくりました。(14)、やきそばもつくりました。しかし、おにぎりは少しむずかしいので、つくりませんでした。でも、(15)はおいしかったので、だいじょうぶでした。

14。
1. いつも
2. もう
3. しかし
4. それから

15。
1. のんだ
2. つくった
3. たべなかった
4. いった

私はすしが好きじゃなかったです。私の国には日本りょうりのレストランがあまりありませんから、食べたことがありません。日本に(16)、いろいろな店で食べました。日本にはたくさんすしのレストランがありますね。学校の前の店によく行きます。だから、すしが好きな人に(17)。

16。
1. 飲んだ時
2. 食べた時
3. 行った時
4. 来た時

17。
1．なりました
2．なりません
3．なりませんでした
4．食べます

もんだい 4
つぎの（1）と（2）のぶんしょうを読(よ)んで、しつもんにこたえてください。こたえは、1・2・3・4からいちばんいいものを一つえらんでください。
Lee los escritos 1 y 2 y responde a las preguntas. Elige la respuesta correcta entre 1, 2, 3 y 4.

(1)

(会社で)
A・ゆこさん！つくえの上のおみやげ、ありがとう。りょこうはどうでしたか。
B・さむいところに行きましたから、ホットチョコを毎日飲みました！だから、チョコのおみやげはいいおみやげだと思った。

18。おみやげには何をしましたか。
1．おまもり
2．チョコ
3．さむい食べもの
4．お茶(ちゃ)

(2)

大学生の時、私はいつも友だちと話しながらしゅくだいをしました。今もだれかとはなしたいです。会社ではたらいているので、しゅくだいがありません。ざんねんですね。

19。何をしながら、しゅくだいをしましたか。
1．友だちと話しながら、しゅくだいをしましたか。
2．友だちとべんきょうしながら、しゅくだいをしましたか。
3．一人で話しながら、しゅくだいをしましたか。
4．会社の人と話しながら、しゅくだいをしましたか。

もんだい 5
つぎのぶんしょうを読(よ)んで、しつもんにこたえてください。こたえは、1・2・3・4 からいちばんいいものを一つえらんでください。
Lee el siguiente texto y responde a las preguntas. Elige la respuesta correcta entre 1, 2, 3 y 4.

私の毎日

私は毎日、あさ六時におきます。はじめに、かおをあらって、あさごはんを食べます。学校にはあるいて行きます。じゅぎょうが九時からはじまります。ひるごはんは友だちといっしょに食べます。午後にしゅくだいをします。父は私をよくてつだいます。ばんごはんはかぞくと食べます。よるにはテレビを見たり、本を読んだりします。

しゅうまもたのしいです！土よう日のあさ、私はかぞくといっしょにあさごはんをつくります。あさごはんの後、近くのこうえんに友だちと行きます。こうえんでよく話したり、あそんだりします。ひるごはんにはときどきこうえんでピクニックをします。午後には、えいがを見に行くのが大好きです。えいがの後、カフェでおちゃを飲みながら話します。

20。土よう日のあさ、かぞくといっしょに何をしますか？
1．こうえんにきます。
2．えいがを見ます。
3．しゅくだいをします。
4．あさごはんをつくります。

21。日よう日の午後、友だちとどこに行きますか？
1．こうえんではなします。
2．テレビを見ます
3．としょかんに行きます。
4．シネマやきっさてんに行きます。

もんだい 6
ページを見て、下のしつもんにこたえてください。こたえは、1・2・3・4 からいちばんいいものを一つえらんでください。
Mira la página y responde a la pregunta que encontrarás debajo. Elige la respuesta correcta entre 1, 2, 3 y 4.

22。たけしさんは、肉と飲みものを安い日に買いたいです。いつ買いますか。
1．18日(金)と9日(金)
2．18日(金)と10日(金)
3．25日(土)と10日(金)
4．11日(土)と25日(土)

① 私のティエンダ
電話: 752-7858
18日(金) ぶた肉 304円
25日(土) バナナ 89円
30日(日) おちゃ 300円

② あなたのティエンダ
電話: 752-8794
25日(土) とり肉 450円
18日(金) たまご 89円
10日(金) 水 150円

③ マリアのティエンダ
電話: 785-7894
9日(金) ジュース 150円
14日(土) とり肉 500円
17日(日) チョコレート 68円

④ アントニオのティエンダ
電話: 771-9648
10日(金) コーラ 40円
11日(土) 牛肉 820円
12日(日) アイスクリーム 158円

Respuestas correctas

Conocimiento del lenguaje
(Vocabulario)

もんだい 1

1。 3. みせ
2。 4. よんで
3。 2. たべましょう
4。 3. がいこく
5。 2. でぐち
6。 3. ここのか
7。 1. しんぶん

もんだい 2

8。 2. タクシー
9。 4. 天気
10。 1. 読む
11。 3. 半分
12。 4. 会社

もんだい 3

13。 1. ノート
14。 2. ほん
15。 4. こんしゅう
16。 1. チケット
17。 3. は
18。 1. さいふ

もんだい 4

19。 2. きょうのあさにともだちとべんきょうしました。
20。 4. おいしくなかったから、たべません。
21。 3. そこにあるビルはとてもたかいです。

Conocimiento del lenguaje
(Gramática)

もんだい 1

1。 3. の
2。 4. に
3。 2. が
4。 4. を
5。 2. に
6。 1. で
7。 3. ぐらい
8。 3. にも
9。 4. ごろ

もんだい 2

10。 1. から
11。 2. ふじ山の
12。 4. に
13。 1. に

もんだい 3

14。 4. それから
15。 2. つくった
16。 4. 来た時
17。 1. なりました

もんだい 4

(1)
(会社で)
A・ゆこさん！つくえの上のおみやげ、ありがとう。りょこうはどうでしたか。
B・さむいところに行きましたから、ホットチョコを毎日飲みました！だから、チョコのおみやげはいいおみやげだと思った。

18。おみやげには何をしましたか。
2. チョコ

(2)
大学生の時、私はいつも友だちと話しながらしゅくだいをしました。今もだれかとはなしたいです。会社ではたらいているので、しゅくだいがありません。ざんねんですね。

19。何をしながら、しゅくだいをしましたか。
1. 友だちと話しながら、しゅくだいをしましたか。

もんだい 5

20。 4. あさごはんをつくります。
21。 4. シネマやきっさてんに行きます。
22。 2. 18日(金)と10日(金)

Gracias por apoyarnos en este proyecto.

Ha sido una experiencia impresionante y esperamos verlos a todos y todas en el siguiente libro: 「私の日本語N4」.

Esta obra se terminó de imprimir
en el mes de febrero de 2025,
en los talleres de Diversidad Gráfica S.A. de C.V.
Ciudad de México